道路交通安全法看图一点通

维权帮 著

中国法制出版社
CHINA LEGAL PUBLISHING HOUSE

致亲爱的读者

人的一生，不可避免地会遇到很多法律问题。衣食住行、婚姻继承、劳动就业……各个领域都蕴含着无尽的法律问题。但现实生活中，不少公民却法律意识淡薄，对一些关乎自身利益的法律知识一无所知或者一知半解。不懂法的结果就是：吃亏了都不知道怎么回事，被告上法庭还不知道自己错在哪儿，受了窝囊气却不知道如何维护权益，让公司辞退了不知道怎样据理力争……

学习法律，是一件利人利己的事。随着2020年我国《民法典》的出台，全国上下掀起了一股学习法律的高潮，让法律服务生活、让法律规范秩序、让法律服务你我成为大众看待法律的新视角。越来越多的人愿意关注法律、依法办事和维权。

在此，为了帮助读者知法、懂法，进而更好地守法、用法，依法办事和维权，我们编写了“看图一点通”系列，本系列丛书的主要特色如下：

一、兼具全面性与时代性

丛书以读者的生活、工作、学习为出发点，设置了若干分册，基本覆盖了各领域的法律知识点，极具全面性；并且，丛书围绕如《民法典》《土地管理法》等新颁布或修正的法律，结合当前社会生活实际，提炼了大量“热点问题”，具有很强的现实意义，相信一定能给读者以代入感，从而激发读者学法的积极性。

二、大众能够看得懂

百姓不懂法，很大程度上是由于法律条文和法律图书枯燥难懂。本丛书尽力避免法律图书严谨有余而通俗不足的通病，将原本枯燥难懂的法律知识用短小、简单的案例表现出来。案情介绍简洁流畅，法律讲堂切中要害，对法律知识的解说深入浅出，避免使用艰深的法律术语，行文通俗，贴近百姓生活。同时，本丛书配有一些辅助理解的场景插画，能让读者朋友们轻轻松松读懂法律。

三、读者一定能用得上

丛书的每一个分册都涵盖了与该领域相关的重要、常用的法律知识，选取的多是典型的真实案例。而法律讲堂部分给出的结论一般是法院通行的判决结果，并附有对应的法律条文依据。读者可以从中查询更多、收获更多。

四、方便阅读与检索

遇到法律问题后，读者朋友可以直接通过查询本书目录，找到相关问题，查看相关案例和点评，找到法律依据，还可以随用随查一部分文书范本。本丛书就像是读者朋友的“私人法律顾问”，遇到法律问题“照方抓药”即可。

五、纠纷能得到顺利合理解决

丛书所选问题常见多发，所选案例典型常见，法律讲堂切中要点，法律依据来源准确，文书范本随用随查，还有“私人法律顾问”般的善意提醒和诉讼指导。有了这一切，相信您的麻烦和纠纷一定能得到顺利合理解决，您的烦恼也会一去不复返！

目录

第1章 机动车所有人规范

第2章 机动车驾驶人规范

第7章 道路交通事故赔偿

第8章 道路交通事故保险赔偿

第 1 章 机动车所有人规范

1. 车主需要具备哪些资料才可以申请机动车注册登记？

案例背景

林某大学毕业之后，进入了当地一家公司工作。经过自己几年的努力，用自己的存款购买了一辆小汽车。他在购买汽车之后，准备开车回老家看望父母。但是，他的朋友告诉他，新买的汽车要先办理注册登记才可以上路，否则是违法的。于是，他带着自己的身份证以及购买车辆的相关资料等前去交通管理部门办理登记。但是，由于其所带的证件不符合要求，无法办理注册登记。工作人员告诉他，除相关的身份证明及购买证明之外，还需要其他几项资料。

学法有疑

请问林某需要具备哪些资料才可以申请机动车辆的注册登记？

法律讲堂

根据我国《道路交通安全法实施条例》，机动车辆的所有人需要在购买车辆之后，申请注册登记才能够上路。该法第五条规定："初次申领机动车号牌、行驶证的，应当向机动车所有人住所地的公安机关交通管理部门申请注册登记。申请机动车注册登记，应当交验机动车，并提交以下证明、凭证：(一) 机动车所有人的身份证明；(二) 购车发票等机动车来历证明；(三) 机动车整车出厂合格证明或者进口机动车进口凭证；(四) 车辆购置税完税证明或者免税凭证；(五) 机动车第三者责任强制保险凭证；(六) 法律、行政法规规定应当在机动车注册登记时提交的其他证明、凭证。不属于国务院机动车产品主管部门规定免予安全技术检验的车型的，还应当提供机动车安全技术检验合格证明。"机动车辆的所有人要具备上述的相关资料才能够办理注册登记。在本案中，林某只带了一部分注册所需的资料，如果要办理注册登记，还需要补齐其他证明、凭证。所以，交通管理部门没有当场为其办理注册登记。

法律条文

《中华人民共和国道路交通安全法实施条例》

第五条 初次申领机动车号牌、行驶证的，应当向机动车所有人住所地的公安机关交通管理部门申请注册登记。申请机动车注册登记，应当交验机动车，并提交以下证明、凭证：

(一) 机动车所有人的身份证明；

(二) 购车发票等机动车来历证明；

(三) 机动车整车出厂合格证明或者进口机动车进口凭证；

(四) 车辆购置税完税证明或者免税凭证；

(五) 机动车第三者责任强制保险凭证；

（六）法律、行政法规规定应当在机动车注册登记时提交的其他证明、凭证。

不属于国务院机动车产品主管部门规定免予安全技术检验的车型的，还应当提供机动车安全技术检验合格证明。

第十条第一款 办理机动车登记的申请人提交的证明、凭证齐全、有效的，公安机关交通管理部门应当当场办理登记手续。

初次申领机动车牌号和行驶证的机动车所有人要到交通管理部门申请车辆的注册登记。在申请登记时要依照规定带齐相关的证明、凭证等，交通管理部门才能够为其办理登记。

2. 机动车的所有人在哪些情况下需要申请变更登记？

案例背景

董某在2015年购买了一辆小汽车，在购买之后，按照规定，办理了所有手续，并完成了车辆的注册登记。2019年9月，因为工作调动，董某到另一个城市的分公司去工作。在他到城市安顿下来之后，董某的好朋友告诉他，因为他的住所已经改变，因此需要办理车辆的变更登记。董某觉得很奇怪，不明白为什么还要办理车辆的变更登记。他想知道，到底在哪些情况下需要办理车辆的变更登记。于是，他到相关部门进行咨询，以确定他的情况是否需要进行车辆的变更登记。

学法有疑

请问机动车辆的所有人在哪些情况下需要变更车辆的信息登记？董某的情况需要办理车辆变更登记吗？

法律讲堂

我国《道路交通安全法实施条例》第六条第一款规定："已注册登记的机动车有下列情形之一的，机动车所有人应当向登记该机动车的公安机关交通管理部门申请变更登记：(一) 改变机动车车身颜色的；(二) 更换发动机的；(三) 更换车身或者车架的；(四) 因质量有问题，制造厂更换整车的；(五) 营运机动车改为非营运机动车或者非营运机动车改为营运机动车的；(六) 机动车所有人的住所迁出或者迁入公安机关交通管理部门管辖区域的。"本案中，董某属于上述第六种情况，因此，董某需要向登记该机动车的交通管理部门申请变更登记的。由于董某是住所迁出，只需要提交自己的身份证、机动车的登记证书和行驶证就可以，无须提交其他相关证明。

法律条文

《中华人民共和国道路交通安全法实施条例》

第六条 已注册登记的机动车有下列情形之一的，机动车所有人应当向登记该机动车的公安机关交通管理部门申请变更登记：

(一) 改变机动车车身颜色的；

(二) 更换发动机的；

(三) 更换车身或者车架的；

(四) 因质量有问题，制造厂更换整车的；

(五) 营运机动车改为非营运机动车或者非营运机动车改为营运机动车的；

(六) 机动车所有人的住所迁出或者迁入公安机关交通管理部门管辖区域的。

申请机动车变更登记，应当提交下列证明、凭证，属于前款第(一)项、第(二)项、第(三)项、第(四)项、第(五)项情形之一的，还应当交验机动车；属于前款第(二)项、第(三)项情形之一的，还应当同时提交机动车安全技术检验合格证明：

(一) 机动车所有人的身份证明；

(二) 机动车登记证书；

（三）机动车行驶证。

机动车所有人的住所在公安机关交通管理部门管辖区域内迁移、机动车所有人的姓名（单位名称）或者联系方式变更的，应当向登记该机动车的公安机关交通管理部门备案。

一句话说法

法律规定了机动车所有人在特定情形下需要办理车辆变更登记，因此，车主在满足相关要求时，必须依照法律的规定，提交相关的证明文件，向登记机动车的交通管理部门办理变更登记。

3. 交通管理部门对临时入境的机动车牌号有要求吗？

国外车牌号临时入境，到底需要哪些资料呢？

案例背景

王某与李某是跨国婚姻，王某是中国人，李某是越南人。在他们结婚之后，王某便移居到越南居住。但是，王某的父母仍然在中国。2019年年底，王某准备回家过春节。因为行李比较多，觉得越南距离中国相对较近，于是，王某与李某决定开车回家。但是，让他们感到很为难的是，他们不清楚跨境车进入中国国境后车辆是否会受到限制。后来经过打听得知，临时入境需要申请临时入境的车牌号和行驶证才可以。可是，需要提供哪些资料才能办理他们并不清楚。

学法有疑

请问申请临时入境的机动车的车牌号，需要提供哪些证明文件？

法律讲堂

王某与李某如果要开车进入中国境内，根据我国《临时入境机动车和驾驶人管理规定》第四条第一款的规定："申请临时入境机动车号牌、行驶证的，应当用中文填写《临时入境机动车号牌、行驶证申请表》，交验机动车，并提交以下证明、凭证：（一）境外主管部门核发的机动车登记证明，属于非中文表述的，还应当出具中文翻译文本；（二）中国海关等部门出具的准许机动车入境的凭证；（三）属于有组织的旅游、比赛以及其他交往活动的，还应当提交中国相关主管部门出具的证明；（四）机动车安全技术检验合格证明，属于境外主管部门核发的，还应当出具中文翻译文本；（五）不少于临时入境期限的中国机动车交通事故责任强制保险凭证。"因此，在本案中，王某与李某要提交上述的相关证明文件，才可以申请临时入境的机动车牌号和行驶证，从而获得进入中国国境的权利。

法律条文

《临时入境机动车和驾驶人管理规定》

第四条 申请临时入境机动车号牌、行驶证的，应当用中文填写《临时入境机动车号牌、行驶证申请表》，交验机动车，并提交以下证明、凭证：

（一）境外主管部门核发的机动车登记证明，属于非中文表述的，还应当出具中文翻译文本；

（二）中国海关等部门出具的准许机动车入境的凭证；

（三）属于有组织的旅游、比赛以及其他交往活动的，还应当提交中国相关主管部门出具的证明；

（四）机动车安全技术检验合格证明，属于境外主管部门核发的，还应当出具中文翻译文本；

（五）不少于临时入境期限的中国机动车交通事故责任强制保险凭证。

公安机关交通管理部门应当在收到申请材料之日起三日内审查提交的证明、凭证，查验机动车。符合规定的，核发临时入境机动车号牌和行驶证。

一句话说法

如果他国车辆要进入中国国境，驾驶人需要申请临时入境的车牌号和行驶证，还必须提交相关的证明文件才能够获得交通管理部门的许可，从而获得进入中国国境的权利。

4. 在紧急情况下，未办理注册登记的机动车可以上路行驶吗？

案例背景

杜某在大学毕业之后，便在当地的一家公司找到了一份工作。他经过几年的奋斗，用自己的积蓄买了一辆汽车。买完车还没来得及办理任何手续，他的好朋友季某便给他打电话，说自己要出差，但是有一份很重要的文件忘记带了，想让杜某帮他送过去。由于当天雨下得很大，很难打车，杜某情急之下，便开着自己还没有办理任何手续的小汽车前去机场给季某送文件。但是，他在去机场的路上就被警察扣下了。杜某认为他有紧急的事情，临时上路是事出有因。

学法有疑

请问在紧急情况之下，未办理注册登记的机动车可以上路吗？

法律讲堂

即使在紧急的情况下，为了保证安全，未办理注册登记的机动车也是不允许上路的。如果其要临时上路行驶，需要办理相关的手续。我国《道路交通安全法》第八条规定：“国家对机动车实行登记制度。机动车经公安机关交通管理部门登记后，方可上道路行驶。尚未登记的机动车，需要临时上道路行驶的，应该取得临时通行牌证。”由此可知，未办理注册登记的机动车，只有在取得临时通行牌证的情况下才具有临时上路行驶的合法权利。所以，为了维护交通秩序的安全，即使出于紧急情况，也要取得临时通行证才能上路。

法律条文

《中华人民共和国道路交通安全法》

第八条 国家对机动车实行登记制度。机动车经公安机关交通管理部门登记后，方可上道路行驶。尚未登记的机动车，需要临时上道路行驶的，应当取得临时通行牌证。

一句话说法

未办理注册登记的汽车无论在什么情况下，都是严格禁止上路的。机动车所有人如果要开车临时上路，只能向当地的交通管理部门申请获得临时的通行牌证。否则，上路行驶就是违法行为。

5. 机动车辆的所有人将自己的小汽车作为抵押物，需要办理哪些手续？

案例背景

杨某是一家服装店的老板。2019 年 6 月，由于服装店生意很好，杨某准备扩大规模，重新装修店面。杨某经过计算发现自己的存款并不充足。于是，他准备向自己的朋友何某借钱。何某答应借钱给他，但要提供担保。因此，杨某便将自己的一辆小汽车作为抵押物，抵押给何某。何某听说，用汽车抵押需要办理登记，所以要求杨某前去办理登记。杨某听后很不高兴，觉得用汽车作抵押，还要办理什么登记，认为何某这是多此一举，故意刁难自己。

学法有疑

请问机动车作为抵押物需要办理登记吗？

法律讲堂

机动车所有人将机动车抵押时，必须办理抵押登记。何某的行为并非多此一举。我国《道路交通安全法》第十二条规定，机动车用作抵押的，应当办理相应的登记。由此可知，办理抵押登记是必经的程序。我国《机动车登记规定》第二十二条规定："机动车所有人将机动车作为抵押物抵押的，应当向登记地车辆管理所申请抵押登记；抵押权消灭的，应当向登记地车辆管理所申请解除抵押登记。"因此，在本案中，何某的做法是正确的。杨某如果将自己的小汽车抵押给何某，为了维护交易的安全，杨某必须到相关部门申请办理车辆的抵押登记。

法律条文

《中华人民共和国道路交通安全法》

第十二条 有下列情形之一的，应当办理相应的登记：

……

（三）机动车用作抵押的；

……

《机动车登记规定》

第二十二条 机动车所有人将机动车作为抵押物抵押的，应当向登记地车辆管理所申请抵押登记；抵押权消灭的，应当向登记地车辆管理所申请解除抵押登记。

第二十三条 申请抵押登记的，机动车所有人应当填写申请表，由机动车所有人和抵押权人共同申请，并提交下列证明、凭证：

（一）机动车所有人和抵押权人的身份证明；

（二）机动车登记证书；

（三）机动车所有人和抵押权人依法订立的主合同和抵押合同。

车辆管理所应当自受理之日起一日内，审查提交的证明、凭证，在机动车登记证书上签注抵押登记的内容和日期。

机动车作为特殊的动产，其在作为抵押物时，必须办理抵押登记，否则，很可能会导致交易的不稳定性，损害交易第三人的利益。同时，也可能导致市场交易秩序混乱。

6. 机动车辆的所有人必须购买交强险吗?

案例背景

吴某在大学毕业之后，在某市的一家公司找到了一份工作。经过几年的奋斗，吴某用自己的存款买了属于自己的房子。2019 年 12 月，吴某又买了一辆小汽车。他觉得自己这样上班比较方便，不用每天挤公交车了。他在买车之后便到交通管理部门办理了车辆的注册登记。后来，他的朋友告诉他，还要去保险公司购买交强险，并说这是购买使用车辆必须具备的。吴某觉得自己不出远门，只是开车上下班而已，不需要购买交强险。

学法有疑

请问机动车辆的所有人必须购买交强险吗?

法律讲堂

我们平时说的交强险就是第三者责任强制保险，购买机动车就必须购买这种保险。我国《道路交通安全法》第十七条规定：“国家实行机动车第三者责任强制保险制度，设立道路交通事故社会救助基金。具体办法由国务院规定。”由此可知，机动车第三者责任强制保险是购买机动车的必备项目。在本案中，吴某在购买机动车之后，必须购买交强险。

法律条文

《中华人民共和国道路交通安全法》

第十七条 国家实行机动车第三者责任强制保险制度，设立道路交通事故社会救助基金。具体办法由国务院规定。

一句话说法

交强险，即机动车第三者责任强制保险，是每位车主必须购买的，这是机动车所有人的义务。因此，在购买机动车之后，机动车所有人必须到保险公司购买交强险。

7. 投保人能够不经保险公司的同意而解除机动车第三者责任强制保险合同吗?

案例背景

钟某在大学毕业之后，便到当地一家公司的人力资源部就职。在他上班之后，父母为了让他上下班方便，就给他买了一辆小汽车。经过几年的努力，钟某成了该部门的经理，也有了一定的积蓄，准备为自己换一辆小汽车。他在购买新车之后，便去交通管理部门为原来的小汽车办理了停驶手续。但是，他不知道自己缴纳的机动车第三者责任强制险是否还要继续缴纳。为此，他打算向相关部门进行咨询，看自己是否可以停止缴纳保险费。

学法有疑

请问钟某可以停止缴纳保险费吗？他是否有权单方解除机动车第三者责任强制保险合同？

法律讲堂

我国《机动车交通事故责任强制保险条例》第十六条规定：“投保人不得解除机动车交通事故责任强制保险合同，但有下列情形之一的除外：（一）被保险机动车被依法注销登记的；（二）被保险机动车办理停驶的；（三）被保险机动车经公安机关证实丢失的。”由此可知，原则上，投保人不能单方解除保险合同，停止缴纳机动车第三者责任强制保险费。但是，在上述三种情况下，投保人有权单方解除保险合同，停止缴纳保险费。本案中，因为钟某原来的车辆已经办理了停驶手续，符合上述情况之一，因此，他可以单方解除保险合同，停止缴纳机动车第三者责任强制险。

法律条文

《机动车交通事故责任强制保险条例》

第十六条 投保人不得解除机动车交通事故责任强制保险合同，但有下列情形之一的除外：

（一）被保险机动车被依法注销登记的；

（二）被保险机动车办理停驶的；

（三）被保险机动车经公安机关证实丢失的。

在一般情况下，法律禁止任何投保人单方解除第三者责任强制保险合同。但是，在投保人的车辆已经停运或者被依法注销登记等特殊情况下，投保人有权解除机动车第三者责任强制保险合同。

8. 机动车辆所有人将自己的车牌号借给别人使用的行为合法吗?

案例背景

陶某毕业于某名牌大学，毕业后，被一家知名公司录用，并且薪资待遇很好。在陶某工作一年之后，自己买了一辆小汽车。后来，他的一个好朋友彭某因为想在假期的时候开车回家探望父母，但自己的车还没来得及去办理注册登记。因此，彭某想借用一下陶某的车牌号。但是，陶某曾经听别人说车牌号是不可以借给别人使用的，因此拒绝了他的请求。彭某很生气，觉得陶某太小气，只不过是借用一下车牌号而已，又不是用车。

学法有疑

请问车牌号可以借给别人使用吗？陶某的做法是否正确？

法律讲堂

陶某的做法是正确的。我国《道路交通安全法》第九条第三款规定："公安机关交通管理部门以外的任何单位或者个人不得发放机动车号牌或者要求机动车悬挂其他号牌，本法另有规定的除外。"该法第十六条第四项也规定，任何单位或者个人不得使用其他机动车的登记证书、号牌、行驶证、检验合格标志、保险标志。因此，机动车所有人是不能将自己的车牌号借给他人使用的。因此，在本案中，陶某没有将车牌号借给彭某使用的做法是正确的。此外，该法第九十六条第三款还规定了使用他人车牌号的法律责任，使用其他车辆的机动车登记证书、号牌、行驶证、检验合格标志、保险标志的，由公安机关交通管理部门予以收缴，扣留该机动车，处二千元以上五千元以下罚款。因此，彭某如果使用他人的车牌号是要为其行为承担法律责任的。

法律条文

《中华人民共和国道路交通安全法》

第九条第三款　公安机关交通管理部门以外的任何单位或者个人不得发放机动车号牌或者要求机动车悬挂其他号牌，本法另有规定的除外。

第十六条　任何单位或者个人不得有下列行为：

……

（四）使用其他机动车的登记证书、号牌、行驶证、检验合格标志、保险标志。

第九十六条第三款　使用其他车辆的机动车登记证书、号牌、行驶证、检验合格标志、保险标志的，由公安机关交通管理部门予以收缴，扣留该机动车，处二千元以上五千元以下罚款。

一句话说法

任何人都不能将自己车辆的车牌号借给他人使用，同时任何人也不得借用他人的车牌号。出借和借用车牌号的行为都是不合法的。

9. 机动车在报废之后该怎么处理?

案例背景

2017年7月，陈某在与自己的妻子结婚之后，便开了一家运输公司。由于经常长途运输，其中营运最早的5辆车需要报废，也达到了报废的年限。尽管买一辆这样的货车需要很多钱，可是，出于运输安全的考虑，不得不购买新的车辆。于是，陈某购买了5辆新的货车。但是，他不知道已经报废的那几辆货车应该怎样进行处理。后来，他问了一个与他一样开运输公司的朋友，他的朋友说去办理一下相关的车辆报废手续就行。

学法有疑

请问报废之后的车辆应该如何处理？是否真的需要办理登记？

法律讲堂

我国《道路交通安全法》第十四条规定：“国家实行机动车强制报废制度，根据机动车的安全技术状况和不同用途，规定不同的报废标准。应当报废的机动车必须及时办理注销登记。达到报废标准的机动车不得上道路行驶。报废的大型客、货车及其他营运车辆应当在公安机关交通管理部门的监督下解体。”由此可知，报废之后的车辆是必须办理登记的。如果是货车、客车等运营车辆，为了保障安全，还要在相关部门的监督下解体。在本案中，由于陈某的车辆是运营的货车，因此，在报废之后，他不仅需要到相关部门办理注销登记，而且要在公安交通管理部门的监督下将车解体。

法律条文

《中华人民共和国道路交通安全法》

第十四条 国家实行机动车强制报废制度，根据机动车的安全技术状况和不同用途，规定不同的报废标准。

应当报废的机动车必须及时办理注销登记。

达到报废标准的机动车不得上道路行驶。报废的大型客、货车及其他营运车辆应当在公安机关交通管理部门的监督下解体。

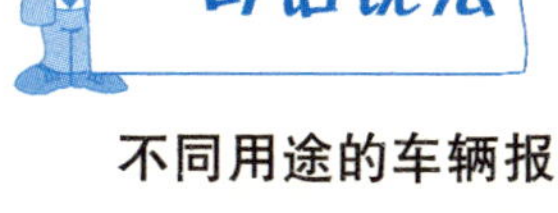

不同用途的车辆报废年限是不同的。但是，无论哪种车辆，在报废之后都必须办理注销登记。此外，法律严禁任何报废的车辆上路行驶，否则就是违法行为，需要承担一定的法律责任。

10. 法律对于机动车转让是如何规定的？

案例背景

董某在某县开了一家食品公司。后因经营不善，公司入不敷出，不得不申请破产。因为该公司已经资不抵债，为了还清债务，董某决定将自己的小汽车进行变卖。后来，他的朋友为他介绍了买主。双方协商一致之后，便准备去办理相关的转让手续。可是，董某并不清楚在转让汽车时需要办理哪些手续。

学法有疑

请问董某需要办理哪些手续？我国的相关法律是如何进行规定的？

法律讲堂

我国《道路交通安全法实施条例》第七条规定："已注册登记的机动车所有权发生转移的，应当及时办理转移登记。申请机动车转移登记，当事人应当向登记该机动车的公安机关交通管理部门交验机动车，并提交以下证明、凭证：（一）当事人的身份证明；（二）机动车所有权转移的证明、凭证；（三）机动车登记证书；（四）机动车行驶证。"由此可知，依照法律规定，个人在转让机动车时必须到相关的部门去办理转让手续。同时，在申请转让登记时，个人也需要提供自己的身份证明及相关的机动车证明。本案中，董某在转让机动车时，应该向交通管理部门交验机动车，并提交相关的证明文件，才能完成转移登记。

法律条文

《中华人民共和国道路交通安全法实施条例》

第七条 已注册登记的机动车所有权发生转移的，应当及时办理转移登记。

申请机动车转移登记，当事人应当向登记该机动车的公安机关交通管理部门交验机动车，并提交以下证明、凭证：

（一）当事人的身份证明；

（二）机动车所有权转移的证明、凭证；

（三）机动车登记证书；

（四）机动车行驶证。

在日常生活中，个人转让机动车的现象时常出现。在进行转让时，由于机动车属于特殊动产，为了保障交易安全，法律要求机动车原所有人必须持相关的证明文件到交通管理部门进行登记。

11. 机动车必须到指定的单位进行安全检验吗?

案例背景

小明在大学毕业之后，就到北京的一家公司上班。经过不断的努力，在几年之后，他已经有了不少的存款。后来，他便与女朋友结婚生子。在他们结婚之后，小明的父母经常来北京看望他们。小明心疼父母总是坐长途汽车，而自己的老家离北京又比较近。于是，他准备为父母买一辆车，方便父母来往。一次，他们在吃饭的时候，小明问父亲是否定期将车进行安全检验。父亲还没有检验过。小明告诉父亲机动车必须定期到指定的单位进行安全检验。父亲认为，自己随便到一个单位进行检验就行了，没有必要非得去指定的单位。

学法有疑

请问机动车必须到指定的单位进行安全检验吗?

法律讲堂

机动车并不是必须到指定的单位进行检查。我国《道路交通安全法》第十三条第二款、第三款规定："对机动车的安全技术检验实行社会化。具体办法由国务院规定。机动车安全技术检验实行社会化的地方，任何单位不得要求机动车到指定的场所进行检验。"由此可见，机动车所有人只要按期到相关单位对机动车进行安全检查就可以，并不强制必须到指定的单位进行。法律明确禁止相关单位指定机动车安全检验的特定场所。所以，在本案中，小明父亲的说法是正确的，不需要到指定的部门进行机动车辆的安全检验。

法律条文

《中华人民共和国道路交通安全法》

第十三条第二款、第三款 对机动车的安全技术检验实行社会会化。具体办法由国务院规定。

机动车安全技术检验实行社会化的地方，任何单位不得要求机动车到指定的场所进行检验。

一句话说法

为了保障安全，减少交通事故的发生，法律强制机动车辆所有人必须按时到相关单位进行机动车辆的安全检查。但是，任何单位都不得要求车辆所有人到指定的场所进行机动车辆的维护和保养。

第2章 机动车驾驶人规范

12. 色盲可以申领机动车驾驶证吗?

案例背景

王某出生于一个县城，因为学习成绩不好没有考上大学，在高中毕业之后就开始参加工作。开始的时候，王某在一个工厂里上班，但工作了几年之后，他不想安于现状便出来自己创业。现在，王某的生意非常红火，并有了一定的存款，为了工作方便，他打算自己买一辆车。以前他听一个朋友说过，色盲是不可以考驾照的，但自己就是色盲。现在王某不知道自己能不能考驾照，为此，他非常担心。

学法有疑

请问王某可以申领驾照吗？

法律讲堂

根据我国《机动车驾驶证申领和使用规定》第十二条的规定，申请小型机动车驾驶证的人应当符合以下条件。(一)年龄条件：应该在18周岁以上，70周岁以下。(二)身体条件：视力：单眼视力障碍，优眼裸视力或者矫正视力达到对数视力表5.0以上，且水平视野达到150度；辨色力：无红绿色盲……在本案中，王某如果不是红绿色盲，在符合其他规定的条件下其可以参加驾驶证的资格考试，从而申领驾照。但是，如果经过体检，查出王某是红绿色盲，则其不具备申领驾驶证的资格条件。

法律条文

《机动车驾驶证申领和使用规定》

第十二条 申请机动车驾驶证的人，应当符合下列规定：

(一)年龄条件：

1. 申请小型汽车、小型自动挡汽车、残疾人专用小型自动挡载客汽车、轻便摩托车准驾车型的，在18周岁以上、70周岁以下；

2. 申请低速载货汽车、三轮汽车、普通三轮摩托车、普通二轮摩托车或者轮式自行机械车准驾车型的，在18周岁以上，60周岁以下；

3. 申请城市公交车、大型货车、无轨电车或者有轨电车准驾车型的，在20周岁以上，50周岁以下；

4. 申请中型客车准驾车型的，在21周岁以上，50周岁以下；

5. 申请牵引车准驾车型的，在24周岁以上，50周岁以下；

6. 申请大型客车准驾车型的，在26周岁以上，50周岁以下；

7. 接受全日制驾驶职业教育的学生，申请大型客车、牵引车准驾车型的，在20周岁以上，50周岁以下。

（二）身体条件：

1. 身高：申请大型客车、牵引车、城市公交车、大型货车、无轨电车准驾车型的，身高为155厘米以上。申请中型客车准驾车型的，身高为150厘米以上；

2. 视力：申请大型客车、牵引车、城市公交车、中型客车、大型货车、无轨电车或者有轨电车准驾车型的，两眼裸视力或者矫正视力达到对数视力表5.0以上。申请其他准驾车型的，两眼裸视力或者矫正视力达到对数视力表4.9以上。单眼视力障碍，优眼裸视力或者矫正视力达到对数视力表5.0以上，且水平视野达到150度的，可以申请小型汽车、小型自动挡汽车、低速载货汽车、三轮汽车、残疾人专用小型自动挡载客汽车准驾车型的机动车驾驶证；

3. 辨色力：无红绿色盲；

4. 听力：两耳分别距音叉50厘米能辨别声源方向。有听力障碍但佩戴助听设备能够达到以上条件的，可以申请小型汽车、小型自动挡汽车准驾车型的机动车驾驶证；

5. 上肢：双手拇指健全，每只手其他手指必须有三指健全，肢体和手指运动功能正常。但手指末节残缺或者左手有三指健全，且双手手掌完整的，可以申请小型汽车、小型自动挡汽车、低速载货汽车、三轮汽车准驾车型的机动车驾驶证；

6. 下肢：双下肢健全且运动功能正常，不等长度不得大于5厘米。但左下肢缺失或者丧失运动功能的，可以申请小型自动挡汽车准驾车型的机动车驾驶证；

7. 躯干、颈部：无运动功能障碍；

8. 右下肢、双下肢缺失或者丧失运动功能但能够自主坐立，且上肢符合本项第5目规定的，可以申请残疾人专用小型自动挡载客汽车准驾车型的机动车驾驶证。一只手掌缺失，另一只手拇指健全，其他手指有两指健全，上肢和手指运动功能正常，且下肢符合本项第6目规定的，可以申请残疾人专用小型自动挡载客汽车准驾车型的机动车驾驶证。

一句话说法

驾驶证的申领人必须符合一定的条件。法律为了保障交通秩序的安全，严格限制了申请人年龄、身体等各方面的条件。如果不符合相关的要求，将不能够进行驾驶资格证的考试的。

13. 户口在老家，可以在现住地申领驾驶证吗？

案例背景

楚某在大学毕业之后，便在当地的一家服装公司工作，由于户口还未迁过来，就办理了暂住证。楚某的父母为了方便楚某上下班，准备为她购买一辆小汽车。为此，楚某准备参加驾驶证的考试，取得驾驶资格。但是，楚某的户口还在老家，又由于工作的原因，她无法回家去报名考试。因此，她想在工作地的一个驾校报名准备考试。楚某记得她原来的同学都是回老家参加考试，她很担心自己不能够在本地报名参加考试。

学法有疑

楚某可以在现住地申领驾驶资格证吗？

法律讲堂

根据我国《机动车驾驶证申领和使用规定》第十八条的规定，申领机动车驾驶证的人，应按照规定向车辆管理所提出申请，如申请人在户籍所在地居住的，应当在户籍所在地提出申请；如申请人在户籍所在地以外居住的，可以在居住地提出申请。由此可知，法律并不要求申请人必须在户籍地申请驾驶证，如果申请人在户籍所在地以外居住的，也可以在居住地提出申请。因此，在本案中，楚某可以在现在的居住地申领驾驶证。

法律条文

《机动车驾驶证申领和使用规定》

第十八条　申领机动车驾驶证的人，按照下列规定向车辆管理所提出申请：

（一）在户籍所在地居住的，应当在户籍所在地提出申请；

（二）在户籍所在地以外居住的，可以在居住地提出申请；

（三）现役军人（含武警），应当在居住地提出申请；

（四）境外人员，应当在居留地或者居住地提出申请；

（五）申请增加准驾车型的，应当在所持机动车驾驶证核发地提出申请；

（六）接受全日制驾驶职业教育，申请增加大型客车、牵引车准驾车型的，应当在接受教育地提出申请。

一句话说法

一般情况下，申请人应该在自己的户籍所在地申请驾驶证。但是，法律并不强制申请人在户籍地申请。如果其已经离开户籍地，即便户口仍未更改，也是有权在现居住地申请驾驶证的。

14. 机动车驾驶证的申请人可以申请延长驾驶证的审验期吗?

案例背景

杜某是某房地产公司销售部的一名员工。他在工作了几年之后，因为经常要外出跑业务，就买了一辆汽车方便自己工作。但是他工作很忙，没有时间去定期审验驾驶证。一次，杜某在外出时，被交警查到他的驾驶证到期未审验，因此受到了相应的处罚。在此之后，杜某便心有余悸。现在审验期又快到了，杜某想去审验驾驶证却没有时间，不去审验又怕被查到。为此，他想知道自己可不可以申请延长驾驶证的审验期，等自己忙完再去审验驾驶证。

学法有疑

请问杜某可以申请延长自己的驾驶证审验期吗?

法律讲堂

驾驶证的审验是车辆管理所在换发机动车驾驶证时，对驾驶人执行法规、身体问题和记分情况进行检验的业务。杜某可以延长自己的驾驶证审验期，但是，延长审验期是有条件的。我国《道路交通安全法》第二十四条第二款规定："对遵守道路交通安全法律、法规，在一年内无累积记分的机动车驾驶人，可以延长机动车驾驶证的审验期。具体办法由国务院公安部门规定。"所以，在本案中，如果杜某在一年内没有累积记分的情况，就有权利申请延长驾驶证的审验期。否则，他还是要按照法律规定的期限定期审验。

法律条文

《中华人民共和国道路交通安全法》

第二十三条 公安机关交通管理部门依照法律、行政法规的规定，定期对机动车驾驶证实施审验。

第二十四条第二款 对遵守道路交通安全法律、法规，在一年内无累积记分的机动车驾驶人，可以延长机动车驾驶证的审验期。具体办法由国务院公安部门规定。

机动车驾驶证的持证人必须定期到相关部门对驾驶证实施审验。根据我国法律规定，如果持证人在一定期限内没有累积记分的情形可以申请延长审验期。除此之外，持证人必须按照法律的规定进行驾驶证的审验。

15. 单位或者个人有权扣留驾驶证吗?

案例背景

洪某在A市做生意，2019年12月到B市出差。洪某在抵达B市火车站时钱包被小偷偷走，当时他并未察觉。后来，洪某在火车站附近的一家饭店吃饭，等到吃完饭结账时才发现自己的钱包不见了。洪某所有的现金、银行卡和信用卡都在钱包里，钱包没了也就没办法结账，老板不肯放他走。洪某着急去开会，让朋友送钱过来又来不及，无奈之下，他不得不将自己的手机、驾照及身份证等物品押在饭店老板这儿。在他开完会之后，又从朋友那儿借钱还给饭店老板，拿回了自己的物品。

学法有疑

请问饭店老板有权扣押洪某的驾照吗?

法律讲堂

饭店老板无权扣押洪某的驾照。我国《道路交通安全法》第十九条第五款规定:“公安机关交通管理部门以外的任何单位或者个人，不得收缴、扣留机动车驾驶证。”由此可见，法律明确禁止除公安机关交通管理部门以外的任何人扣押驾驶员的驾驶证。在本案中，即便洪某无钱付款，该饭店扣押洪某驾照的行为也是违法的。

法律条文

《中华人民共和国道路交通安全法》

第十九条第五款 公安机关交通管理部门以外的任何单位或者个人，不得收缴、扣留机动车驾驶证。

一句话说法

在日常生活中，驾照对于司机来说至关重要，公民持有驾照才可以开车上路。因此不是任何人都有权扣押公民的驾照，只有公安机关交通管理部门才有权扣押，其他任何人扣押公民驾驶证的行为都是违法的。

16. 被暂扣驾驶证的驾驶员还能够驾驶机动车上路吗?

案例背景

薛某在一家外贸公司上班，有一天早上公司有一个重要的会议，他为了能及时赶到公司而超速行驶。后来，因薛某在限速60千米每小时的道路上开到了120千米每小时，交警把他拦下，扣下他的驾照，并对他进行罚款。后来某日，薛某因为自己的父母生病着急回家，在没有驾照的情况下开车上路。在回家的路上，薛某被交警拦下，薛某解释说自己的驾照被交警扣下了，因为自己有急事，所以不得不开车。但是，交警依然对他进行了处罚。薛某觉得自己很冤枉，明明自己是有驾照的，还处罚自己。

学法有疑

请问在驾驶证被暂扣期间驾驶人可以开车上路吗?

法律讲堂

在驾驶证被暂扣期间驾驶人是不可以开车上路的。为了避免驾驶员驾驶证暂扣而无证驾驶带来的不良后果，以及由此给不确定的第三人带来的责任追究难的问题，我国法律禁止被暂扣驾照的人员开车上路。我国《道路交通安全法实施条例》第二十八条规定："机动车驾驶人在机动车驾驶证丢失、损毁、超过有效期或者被依法扣留、暂扣期间以及记分达到12分的，不得驾驶机动车。"所以薛某在他的机动车驾驶证暂扣期间是不得驾驶机动车的，交警给予其处罚的行为是合理的。

法律条文

《中华人民共和国道路交通安全法实施条例》

第二十八条 机动车驾驶人在机动车驾驶证丢失、损毁、超过有效期或者被依法扣留、暂扣期间以及记分达到12分的，不得驾驶机动车。

一句话说法

任何人在驾照被暂扣期间都是不允许驾驶机动车上路的，否则会造成交通事故后追责难的问题。因此，为了避免出现驾驶员逃避责任的现象，法律规定这种行为的驾驶员应受到相应的处罚。

17. 正在接受培训的学员发生交通事故的，驾校需要承担责任吗？

案例背景

肖某在参加完高考之后，因为暑假时间很长，其父母便为他在当地的一所驾校报名，接受驾校培训。2019 年 7 月，在肖某通过了前两个科目的考试之后，便开始了科目三的练习中。因为科目三是路考，该驾校的教练便带领肖某在该地的一条马路上进行练习。肖某开车转弯时，因缺乏经验，没有从倒车镜后面看到后面的一辆小汽车，导致该车与肖某所驾驶的车辆相撞。

学法有疑

请问肖某在接受培训中发生的交通事故应该由谁来承担责任？

法律讲堂

在本案中，应该由驾校的教练员承担发生交通事故的责任。因为相对于学员来说，教练应该是具有丰富的驾驶经验的。而学员还属于初学者，在其接受培训的过程中，教练有义务对其进行指导，避免发生危险行为。此外，我国《道路交通安全法实施条例》第二十条第二款规定："在道路上学习驾驶，应当按照公安机关交通管理部门指定的路线、时间进行。在道路上学习机动车驾驶技能应当使用教练车，在教练员随车指导下进行，与教学无关的人员不得乘坐教练车。学员在学习驾驶中有道路交通安全违法行为或者造成交通事故的，由教练员承担责任。"因此，在本案中，肖某在接受培训的过程中发生的交通事故应该由该驾校的教练员来承担责任。

法律条文

《中华人民共和国道路交通安全法实施条例》

第二十条 学习机动车驾驶，应当先学习道路交通安全法律、法规和相关知识，考试合格后，再学习机动车驾驶技能。

在道路上学习驾驶，应当按照公安机关交通管理部门指定的路线、时间进行。在道路上学习机动车驾驶技能应当使用教练车，在教练员随车指导下进行，与教学无关的人员不得乘坐教练车。学员在学习驾驶中有道路交通安全违法行为或者造成交通事故的，由教练员承担责任。

驾校的学员在驾校接受培训的过程中，教练员应该认真负责，在必要的时候要对学员进行指导。如果学员在学习的过程中有违反交通安全规则或者发生交通事故的，由教练员承担责任。

18. 在哪些情形下，机动车驾驶人申请接受交通安全教育减免交通违法行为记分会被交管部门拒绝？

案例背景

2020年1月16日9时55分，赵某驾驶一中型自卸货车在某县道路上因不按规定安装机动车号牌，被交通警察叶某查获，叶某根据法律规定对赵某作出《县公安局交通警察大队公安交通管理简易程序处罚决定书》和《县公安局交通警察大队公安交通管理行政强制措施凭证》，对赵某处以罚款20元，记12分，并扣留了赵某的机动车驾驶证。后来，赵某想通过申请接受交通安全教育来减免交通违法行为记分，但被交管部门以不符合法律规定为由不予受理。

学法有疑

交管部门拒绝受理赵某的申请行为合法吗？

法律讲堂

根据我国《接受交通安全教育减免道路交通安全违法行为记分工作规范（试行）》（2020年3月1日实施）第二条和第四条的规定，一般来说，机动车驾驶人申请接受交通安全教育减免交通违法行为记分的，公安机关交通管理部门应当受理。但如果机动车驾驶人出现了以下七种情形之一的，则不予受理：

（一）在本记分周期内，机动车驾驶人有二次以上满分记录，或者累积记分达到十二分的；

（二）在上一个记分周期，机动车驾驶人有二次以上满分记录的；

（三）在最近三个记分周期内，机动车驾驶人因造成交通事故后逃逸，或者饮酒后驾驶机动车，或者使用伪造、变造的机动车号牌、行驶证、驾驶证、校车标牌或者使用其他机动车号牌、行驶证，或者买分卖分受到过处罚的；

（四）机动车驾驶证在实习期内，或者机动车驾驶证逾期未审验，或者机动车驾驶证被扣留、暂扣期间的；

（五）机动车驾驶人名下有未处理的交通违法行为记录的；

（六）机动车驾驶人名下有安全技术检验超过有效期或者未按规定办理注销登记的机动车；

（七）机动车驾驶人参加接受交通安全教育减免道路交通安全违法行为记分，或者机动车驾驶人违法记分满分教育和审验教育学习考试时存在弄虚作假、冒名顶替情形的。

此外，根据《机动车驾驶证申领和使用规定》第六十五条第一款的规定，道路交通安全违法行为累积记分周期（即记分周期）为12个月，满分为12分，从机动车驾驶证初次领取之日起计算。

在本案例中，因为赵某的机动车驾驶证已经被扣留，而根据《接受交通安全教育减免道路交通安全违法行为记分工作规范（试行）》第四条第一款第（四）项的规定，机动车驾驶证被扣留期间，公安机关交通管理部门对申请不予受理。因此，交管部门不予受理赵某的申请行为是合法的。

法律条文

《接受交通安全教育减免道路交通安全违法行为记分工作规范（试行）》

第二条 机动车驾驶人参加公安机关交通管理部门组织的道路交通安全法律、法规和相关知识学习并经考试合格的，或者在机动车驾驶证核发地参加交通安全公益活动并达到相关要求的，可以申请减免交通违法行为记分。

第四条 机动车驾驶人申请接受交通安全教育减免交通违法行为记分的，公安机关交通管理部门应当受理。但有以下情形之一的，不予受理：

（一）在本记分周期内，机动车驾驶人有二次以上满分记录，或者累积记分达到十二分的；

（二）在上一个记分周期，机动车驾驶人有二次以上满分记录的；

（三）在最近三个记分周期内，机动车驾驶人因造成交通事故后逃逸，或者饮酒后驾驶机动车，或者使用伪造、变造的机动车号牌、行驶证、驾驶证、校车标牌或者使用其他机动车号牌、行驶证，或者买分卖分受到过处罚的；

（四）机动车驾驶证在实习期内，或者机动车驾驶证逾期未审验，或者机动车驾驶证被扣留、暂扣期间的；

（五）机动车驾驶人名下有未处理的交通违法行为记录的；

（六）机动车驾驶人名下有安全技术检验超过有效期或者未按规定办理注销登记的机动车；

（七）机动车驾驶人参加接受交通安全教育减免道路交通安全违法行为记分，或者机动车驾驶人违法记分满分教育和审验教育学习考试时存在弄虚作假、冒名顶替情形的。

《机动车驾驶证申领和使用规定》

第六十五条第一款 道路交通安全违法行为累积记分周期（即记分周期）为 12 个月，满分为 12 分，从机动车驾驶证初次领取之日起计算。

一般情形下，机动车驾驶人在被记分后，可以申请接受交通安全教育来减免交通违法行为记分的，公安机关交通管理部门应当受理。但当机动车驾驶人的交通违法行为出现法定的七种情形时，公安机关交通管理部门则不予受理。

19. 欲通过参加交通安全公益活动减免交通违法行为记分的，应向何地的交管部门提出？具体的公益活动是指什么？

案例背景

2020年9月21日21时36分，执勤民警罗某巡逻时，在A市B区某机场高速公路东侧发现梁某驾驶一辆小型轿车停在高速公路的应急车道上，既没有设置警告标志，也没有开启危险报警闪光灯，民警罗某便停车前往检查，发现梁某实施了非紧急情况下在高速公路应急车道上停车的违法行为。根据相关法律规定，罗某对梁某处以200元罚款，并记6分。后来，梁某向A市B区的公安机关交管部门提出申请参加交通安全公益活动减免交通违法行为记分时，被该交管部门拒绝受理，并告知其应当向其机动车驾驶证核发地A市C区的交管部门提出。

学法有疑

梁某应当向何地的交管部门提出参加交通安全公益活动的申请？具体的公益活动又是指什么？

法律讲堂

梁某应当向A市C区的公安机关交管部门提出申请，具体的公益活动形式包括文明交通劝导、交通安全宣传等，每次时长一小时。根据《接受交通安全教育减免道路交通安全违法行为记分工作规范（试行）》第十九条第二款和第二十条的规定，机动车驾驶人申请参加交通安全公益活动减免交通违法行为记分的，应当向机动车驾驶证核发地公安机关交通管理部门提出。交通安全公益活动每次一小时，具体形式包括文明交通劝导、交通安全宣传等。

在本案中，梁某机动车驾驶证的核发地是A市C区，所以，梁某应当向A市C区的公安机关交管部门提出参加交通安全公益活动的申请。具体的公益活动的形式包括文明交通劝导、交通安全宣传等，每次时长一小时。由此可见，机动车驾驶人欲通过参加交通安全公益活动减免交通违法行为记分的，应向机动车驾驶证核发地公安机关交通管理部门提出，具体的公益活动可采用文明交通劝导、交通安全宣传等形式，每次活动时长一小时。

法律条文

《接受交通安全教育减免道路交通安全违法行为记分工作规范(试行)》

第十九条第二款 机动车驾驶人申请参加交通安全公益活动减免交通违法行为记分的，应当向机动车驾驶证核发地公安机关交通管理部门提出。

第二十条 交通安全公益活动每次一小时，具体形式包括文明交通劝导、交通安全宣传等。

驾驶人欲通过参加交通安全公益活动减免交通违法行为记分的，要向机动车驾驶证核发地公安机关交通管理部门提出申请，不得向其他地方的交管部门提出。申请通过后，要严格按照交通安全公益活动的标准进行，采取文明交通劝导、交通安全宣传等形式，每次活动的时长要达到一个小时。

20. 机动车驾驶人接受交通安全教育或参加交通安全公益活动，可以减免多少记分?

案例背景

张某是刚拿到驾照不久的新司机，因为技术不佳，在拿到驾照后的一个月内先后因驾驶机动车不按照规定避让校车，驾驶机动车行经人行横道且不按规定避让行人，被交警记了6分和3分。为了能减免自己道路交通安全违法行为记分，张某参加了该县交管部门组织的道路交通安全法律、法规和相关知识网上、现场学习考试，两次考试成绩均合格，还参加了6次交通安全公益活动。张某认为自己接受交通安全教育及参加交通安全公益活动的次数比较多，应该可以减免自己驾照被记的9分。但交管部门的工作人员告诉张某，虽然张某参加的次数比较多，但累计减免最高是6分。因此，张某的驾照最后还是被记了3分。

学法有疑

张某接受交通安全教育、参加交通安全公益活动，减免记分分别为多少？累计最高减免多少分？

法律讲堂

根据《接受交通安全教育减免道路交通安全违法行为记分工作规范（试行）》第二十三条和第二十四条的规定，参加公安机关交通管理部门组织的道路交通安全法律、法规和相关知识网上学习且经考试合格的，一次减免1分。参加公安机关交通管理部门组织的道路交通安全法律、法规和相关知识现场学习且经考试合格的，一次减免2分。参加公安机关交通管理部门组织的交通安全公益活动，一次减免1分。机动车驾驶人在本记分周期内分别参加道路交通安全法律、法规和相关知识网上、现场学习考试或者交通安全公益活动的，累计最高减免6分。由此可见，机动车驾驶人接受交通安全教育、参加考试并合格的，减免分数为1分或2分。如果是网上学习、考试并合格，减免1分；如果是现场学习、考试并合格，则减免2分。参加交通安全公益活动减免分数按次数计算，一次减免1分。但是在同一记分周期内，以上三者减免累计最高为6分。

在本案中，张某参加了县交管部门组织的道路交通安全法律、法规和相关知识网上、现场学习考试，两次考试成绩均合格，累计减免3分。他还参加了6次交通安全公益活动，累计减免6分。按理说，张某的最终累计减免应为9分，但是因法律规定在同一记分周期内，累计减免最高为6分，所以，张某最终累计减免6分，驾照仍被记3分。

法律条文

《接受交通安全教育减免道路交通安全违法行为记分工作规范(试行)》

第二十三条 参加公安机关交通管理部门组织的道路交通安全法律、法规和相关知识网上学习且经考试合格的，一次减免1分。

参加公安机关交通管理部门组织的道路交通安全法律、法规和相关知识现场学习且经考试合格的，一次减免2分。

参加公安机关交通管理部门组织的交通安全公益活动，一次减免1分。

第二十四条 机动车驾驶人在本记分周期内分别参加道路交通安全法律、法规和相关知识网上、现场学习考试或者交通安全公益活动的，累计最高减免6分。

机动车驾驶人可以通过参加交管部门组织的道路交通安全法律、

法规和相关知识的学习和考试，参加交通安全公益活动来减免道路交通安全违法行为的记分。但需要注意的是，在同一个记分周期内，累计减免的分值上限是有限制的，累计最高减免 6 分。

21. 在哪些情况下，交通警察会检查驾驶人的酒精含量？

案例背景

2020 年 10 月 21 日晚，李某在参加了朋友聚会之后开车回家。因为其在聚会时喝了很多酒，头脑有些不清醒，在开车时就总是摇摇晃晃，不走直线，后来撞到了护栏上。正在执勤的交警吴某看到之后，马上赶过来，觉得该车的司机很可能是酒后驾车。李某刚将车窗打开，吴某就闻到一股酒味。等到李某走下车，经过检测之后发现李某果然是酒后驾车，而且他的酒精含量非常高。其后，交警对李某的酒后驾车行为进行了处罚，并一次性扣除 12 分。

学法有疑

请问在何种情况之下，交通警察会检查驾驶人的酒精含量？

法律讲堂

根据我国《道路交通安全违法行为处理程序规定》（2020 年 5 月 1 日实施）第三十五条的规定，车辆驾驶人有下列情形之一的，应当对其检验体内酒精含量：（一）对酒精呼气测试等方法测试的酒精含量结果有异议并当场提出的；（二）涉嫌饮酒驾驶车辆发生交通事故的；（三）涉嫌醉酒驾驶的；（四）拒绝配合酒精呼气测试等方法测试的。对酒后行为失控或者拒绝配合检验的，可以使用约束带或者警绳等约束性警械。由此可知，一般情形下，交警是不会对驾驶人进行酒精含量的检验的。但是，如果驾驶员涉嫌饮酒驾车发生交通事故，则很可能被进行检验。此外，如果驾驶人拒绝检验，交通警察可以使用警械强制其检验。

法律条文

《道路交通安全违法行为处理程序规定》

第三十五条 车辆驾驶人有下列情形之一的，应当对其检验体内酒精含量：

（一）对酒精呼气测试等方法测试的酒精含量结果有异议并当场提出的；

（二）涉嫌饮酒驾驶车辆发生交通事故的；

（三）涉嫌醉酒驾驶的；

（四）拒绝配合酒精呼气测试等方法测试的。

车辆驾驶人对酒精呼气测试结果无异议的，应当签字确认。事后提出异议的，不予采纳。

车辆驾驶人涉嫌吸食、注射毒品或者服用国家管制的精神药品、麻醉药品后驾驶车辆的，应当按照《吸毒检测程序规定》对车辆驾驶人进行吸毒检测，并通知其家属，但无法通知的除外。

对酒后、吸毒后行为失控或者拒绝配合检验、检测的，可以使用约束带或者警绳等约束性警械。

为了保证交通安全，避免发生交通事故，减少损害，在驾驶人涉嫌饮酒驾驶机动车等情况之下，交通警察会对驾驶人强制进行酒精检验。如果驾驶人不予配合，交警有权使用警械。

22. 驾驶人怎样才能取得校车的驾驶资格?

案例背景

周某原来一直在某公司做司机，因为他在工作中违反交通秩序，于是在3年劳动合同期满之后，该公司便不再录用周某。周某失业之后，恰逢当地的一所小学在招聘校车司机，经朋友介绍，他便到当地的这所小学应聘。在应聘时，学校查看周某的扣分记录，发现他经常被扣分，有一次在三个周期内就被扣了12分。因此，虽然周某满足其他条件，但是学校仍然没有录用他。周某觉得很意外，即便自己被扣过分，但是他已经有十几年的驾龄，认为自己完全符合条件。

学法有疑

请问驾驶人驾驶校车需要符合什么样的标准?

法律讲堂

我国《校车安全管理条例》第二十三条规定："校车驾驶人应当依照本条例的规定取得校车驾驶资格。取得校车驾驶资格应当符合下列条件：（一）取得相应准驾车型驾驶证并具有3年以上驾驶经历，年龄在25周岁以上、不超过60周岁；（二）最近连续3个记分周期内没有被记满分记录；（三）无致人死亡或者重伤的交通事故责任记录；（四）无饮酒后驾驶或者醉酒驾驶机动车记录，最近1年内无驾驶客运车辆超员、超速等严重交通违法行为记录；（五）无犯罪记录；（六）身心健康，无传染性疾病，无癫痫、精神病等可能危及行车安全的疾病病史，无酗酒、吸毒行为记录。"此外，该法第二十五条规定："机动车驾驶人未取得校车驾驶资格，不得驾驶校车。禁止聘用未取得校车驾驶资格的机动车驾驶人驾驶校车。"由此可知，只有驾驶人在符合上述条件时才能够驾驶校车，任何单位不能聘用不符合条件的人员驾驶校车。在本案中，由于周某没有达到在三个周期内没有被记满分的记录这一条件，因此，学校不予录用的做法是正确的。

法律条文

《校车安全管理条例》

第二十三条 校车驾驶人应当依照本条例的规定取得校车驾驶资格。

取得校车驾驶资格应当符合下列条件：

（一）取得相应准驾车型驾驶证并具有3年以上驾驶经历，年龄在25周岁以上、不超过60周岁；

（二）最近连续3个记分周期内没有被记满分记录；

（三）无致人死亡或者重伤的交通事故责任记录；

（四）无饮酒后驾驶或者醉酒驾驶机动车记录，最近1年内无驾驶客运车辆超员、超速等严重交通违法行为记录；

（五）无犯罪记录；

（六）身心健康，无传染性疾病，无癫痫、精神病等可能危及行车安全的疾病病史，无酗酒、吸毒行为记录。

第二十五条 机动车驾驶人未取得校车驾驶资格，不得驾驶校车。禁止聘用未取得校车驾驶资格的机动车驾驶人驾驶校车。

由于乘坐校车的大部分是儿童，大都缺乏自我保护的安全意识。因此，学校在招聘时必须严格要求校车司机的驾驶资格，只有达到一定的标准才能够予以录用。

23. 符合哪些标准时才可以申请从事道路客运经营?

案例背景

王某原来在某市的一家运输公司做司机，后来，由于该运输公司倒闭，他便失业了。后来，经朋友介绍，王某到一家客运公司去应聘工作。在应聘时，虽然他符合其他各项条件，但是他并没有取得运输管理机构对有关客运法规、机动车维修和旅客急救基本知识考试合格授予的相应从业资格证。因此，该公司要求其只有取得从业资格证才可以录用他。王某觉得自己已经跑了那么多年的长途运输，经验丰富，为什么还需要这个从业资格证呢?

学法有疑

请问客运经营的驾驶人要满足哪些条件?

法律讲堂

根据我国《道路旅客运输及客运站管理规定》第十一条第二项的规定，从事客运经营的驾驶人应当符合《道路运输从业人员管理规定》，具体有下列条件：（一）取得相应的机动车驾驶证 1 年以上；（二）年龄不超过 60 周岁；（三）3 年内无重大以上交通责任事故记录；（四）掌握相关道路旅客运输法规、机动车维修和旅客急救基本知识；（五）经考试合格，取得相应的从业资格证件。由此可知，对客运运输的驾驶人的要求高于对一般司机的要求。因为客运驾驶人具有特殊性，其驾驶技术的好坏关系到很多旅客的生命安全，因此必须严格要求。在本案中，王某如果要从事客运经营，即便他原来的驾驶经验丰富，也必须取得相应的从业资格证才可以。只有同时具备上述条件，他才符合驾驶客运汽车的标准。

法律条文

《道路旅客运输及客运站管理规定》

第十一条 申请从事道路客运经营的，应当具备下列条件：

……

（二）从事客运经营的驾驶人员，应当符合《道路运输从业人员管理规定》有关规定。

……

《道路运输从业人员管理规定》

第九条 经营性道路旅客运输驾驶员应当符合下列条件：

（一）取得相应的机动车驾驶证1年以上；

（二）年龄不超过60周岁；

（三）3年内无重大以上交通责任事故；

（四）掌握相关道路旅客运输法规、机动车维修和旅客急救基本知识；

（五）经考试合格，取得相应的从业资格证件。

由于在实际生活之中，从事客运运输司机的驾驶技术影响着众多乘客的人身安全，因此，为了保护乘客的人身安全，避免交通事故的发生，法律严格要求客运司机的资格，否则容易造成严重的后果。

24. 交通警察扣留不带驾驶证的车辆的行为合法吗?

案例背景

张某是某公司的部门经理，2020年1月，张某开车带着自己的妻子和孩子回家过春节。后来因为公司出了一点儿问题，需要张某马上赶回去处理。但由于他走得很匆忙，就忘了带驾驶证。在张某刚要进城时，被交警拦下检查相关证件。此时，他才发现自己的行驶证、驾驶证都丢在了老家。因为张某没有办法出示驾驶证，交警便将他的车扣下。他告诉交警说自己有急事，但是于事无补。张某觉得交警不应该不问原因就马上扣留自己的车。

学法有疑

请问交通警察扣留不带驾驶证的车辆的行为合法吗?

法律讲堂

我国《道路交通安全法》第九十五条第一款规定:“上道路行驶的机动车未悬挂机动车号牌，未放置检验合格标志、保险标志，或者未随车携带行驶证、驾驶证的，公安机关交通管理部门应当扣留机动车，通知当事人提供相应的牌证、标志或者补办相应手续，并可以依照本法第九十条的规定予以处罚。当事人提供相应的牌证、标志或者补办相应手续的，应当及时退还机动车。”由此可见，依据我国相关法规规定，行驶机动车上道路，机动车驾驶人必须携带其驾驶证、悬挂车辆牌号等。未携带驾驶证，交通管理部门可以将车辆扣留。本案中，因张某不带驾驶证、行驶证，交警扣留他的车辆的行为是合法的。

法律条文

《中华人民共和国道路交通安全法》

第九十五条 上道路行驶的机动车未悬挂机动车号牌，未放置检验合格标志、保险标志，或者未随车携带行驶证、驾驶证的，公安机关交通管理部门应当扣留机动车，通知当事人提供相应的牌证、标志或者补办相应手续，并可以依照本法第九十条的规定予以处罚。当事人提供相应的牌证、标志或者补办相应手续的，应当及时退还机动车。

故意遮挡、污损或者不按规定安装机动车号牌的，依照本法第九十条的规定予以处罚。

一句话说法

驾驶人驾驶机动车上路行驶时，必须携带行驶证、驾驶证。为了保证安全，对任何不带驾驶证、行驶证的驾驶人，交警都有权将其车辆予以扣留。在驾驶人提供了相应的证件之后，交警才会退还机动车。

25. 酒驾会得到何种处罚?

案例背景

欧某开车带着自己的妻子回老家参加一个亲戚的婚礼。大家见面之后很开心，于是多喝了几杯。欧某也非常高兴，陪着大家一起喝酒。因为欧某还要开车回家，他的父母和妻子都拦着他，不让他喝酒，告诉他还要开车。但是，欧某见这么多亲戚朋友都在，不好意思不喝。在婚礼结束之后，因为欧某喝了酒，他的父母准备让他当天留在家里，第二天再回去。但是，他说公司明天还有重要的会议要参加，必须回去。在开车回去的路上，欧某被交警拦下检查证件时被怀疑酒后驾车。经过酒精检查之后，果然发现欧某体内的酒精含量已经超过规定的标准。

学法有疑

请问欧某的酒驾行为会受到何种处罚?

法律讲堂

《道路交通安全法》第九十一条第一款规定:“饮酒后驾驶机动车的，处暂扣六个月机动车驾驶证，并处一千元以上二千元以下罚款。因饮酒后驾驶机动车被处罚，再次饮酒后驾驶机动车的，处十日以下拘留，并处一千元以上二千元以下罚款，吊销机动车驾驶证。”酒驾是一种非常危险的行为，很可能造成交通事故的发生。我国对酒驾进行严格规制，酒驾行为严重的还可能构成犯罪。在本案中，欧某酒后驾车的行为会被暂扣六个月的驾驶证，并处相应的罚款。如果其曾经有过酒驾行为，则会受到行政拘留。

法律条文

《中华人民共和国道路交通安全法》

第九十一条 饮酒后驾驶机动车的，处暂扣六个月机动车驾驶证，并处一千元以上二千元以下罚款。因饮酒后驾驶机动车被处罚，再次饮酒后驾驶机动车的，处十日以下拘留，并处一千元以上二千元以下罚款，吊销机动车驾驶证。

醉酒驾驶机动车的，由公安机关交通管理部门约束至酒醒，吊销机动车驾驶证，依法追究刑事责任；五年内不得重新取得机动车驾驶证。

饮酒后驾驶营运机动车的，处十五日拘留，并处五千元罚款，吊销机动车驾驶证，五年内不得重新取得机动车驾驶证。

醉酒驾驶营运机动车的，由公安机关交通管理部门约束至酒醒，吊销机动车驾驶证，依法追究刑事责任；十年内不得重新取得机动车驾驶证，重新取得机动车驾驶证后，不得驾驶营运机动车。

饮酒后或者醉酒驾驶机动车发生重大交通事故，构成犯罪的，依法追究刑事责任，并由公安机关交通管理部门吊销机动车驾驶证，终生不得重新取得机动车驾驶证。

法律明确规定，驾驶人在驾驶车辆时是严禁饮酒的，但是现实生活中酒后驾车的行为时有发生。为了打击这种行为的出现，避免危险的发生，法律对这种行为作出了处罚的规定，如果酒驾行为严重，还可能构成犯罪。

26. 交通肇事逃逸应受到何种处罚?

案例背景

一天晚上，段某在和朋友聚会之后，开车回家。由于当时已经是深夜，他看到路上行人很少，便加快了车速。这时骑车下班回家的季某突然从一个路口出来，段某由于车速过快，没有办法及时减速，将季某撞倒。段某看到季某浑身是血，害怕因为自己超速行驶造成交通事故而坐牢，便马上开车逃跑。季某由于没有得到及时的救助，大失血过多而死亡。

学法有疑

请问段某交通肇事之后逃逸的行为应受到何种处罚?

法律讲堂

根据我国《道路交通安全法》第九十九条的规定，造成交通事故后逃逸，尚不构成犯罪的，由公安机关交通管理部门处二百元以上二千元以下罚款。同时，我国《道路交通安全法实施条例》第九十二条第一款规定，发生交通事故后当事人逃逸的，逃逸的当事人承担全部责任。但是，有证据证明对方当事人也有过错的，可以减轻责任。此外，如果交通肇事逃逸情节严重的也可能触犯刑法，构成犯罪。对此，我国《刑法》第一百三十三条规定，交通运输肇事后逃逸或者有其他特别恶劣情节的，处三年以上七年以下有期徒刑；因逃逸致人死亡的，处七年以上有期徒刑。由此可知，交通肇事逃逸行为是指违反交通运输管理法律法规，发生交通事故后，对于受害人或受损财务未做必要的抢救或处理，或未按规定向公安机关报警，擅自逃离现场，使交通事故所引起的民事、行政、刑事责任无法确定和追究的行为。而在本案中，段某在将季某撞伤之后，未采取任何救助措施就逃跑最终导致季某死亡，其应承担上述法律规定的责任。

法律条文

《中华人民共和国道路交通安全法》

第九十九条 有下列行为之一的，由公安机关交通管理部门处二百元以上二千元以下罚款：

……

（三）造成交通事故后逃逸，尚不构成犯罪的；

……

行为人有前款第二项、第四项情形之一的，可以并处吊销机动车驾驶证；有第一项、第三项、第五项至第八项情形之一的，可以并处十五日以下拘留。

《中华人民共和国道路交通安全法实施条例》

第九十二条 发生交通事故后当事人逃逸的，逃逸的当事人承担全部责任。但是，有证据证明对方当事人也有过错的，可以减轻责任。

当事人故意破坏、伪造现场、毁灭证据的，承担全部责任。

《中华人民共和国刑法》

第一百三十三条 违反交通运输管理法规，因而发生重大事故，致人重伤、死亡或者使公私财产遭受重大损失的，处三年以下有期徒刑或者拘役；交通运输肇事后逃逸或者有其他特别恶劣情节的，处三年以上七年以下有期徒刑；因逃逸致人死亡的，处七年以上有期徒刑。

《最高人民法院关于审理交通肇事刑事案件具体应用法律若干问题的解释》

第五条 “因逃逸致人死亡”，是指行为人在交通肇事后为逃避法律追究而逃跑，致使被害人因得不到救助而死亡的情形。

交通肇事后，单位主管人员、机动车辆所有人、承包人或者乘车人指使肇事人逃逸，致使被害人因得不到救助而死亡的，以交通肇事罪的共犯论处。

一句话说法

交通肇事逃逸是指行为人在发生交通事故、将他人撞伤之后，未采取任何措施并逃跑的行为。法律严禁这种行为的发生，为此，我国的刑法专门对肇事逃逸的行为进行了规定，一旦触犯刑法就会受到相应的刑事处罚。

27. 驾校使用私家车给学员练车合法吗?

案例背景

魏某经朋友介绍选择了某驾校学习机动车驾驶技能。该学校实行自主约车制，即学员可以自己在网上选择适合自己的时间预约学车，也可以选择自己中意的教练。魏某第一次约车时选择了马教练，并认为马教练非常认真负责，于是之后每次约车，魏某都约马教练。时间久了，二人渐渐熟悉起来，魏某的驾驶技术也逐渐达标。某日，马教练对魏某说驾校的车实在太难开了，要把自己的私家车给魏某练习。魏某非常高兴，于是二人就开始用马教练的私家车练习。那么，他们二人的行为是合法的吗?

学法有疑

驾校教练使用私家车给学员练车合法吗?

法律讲堂

《机动车驾驶员培训管理规定》第三十四条规定:“机动车驾驶员培训机构应当使用符合标准并取得牌证、具有统一标识的教学车辆。教学车辆的统一标识由省级道路运输管理机构负责制定，并组织实施。”也就是说，驾校学员在练车时应该使用驾校的统一教学车辆，本案中，马教练和魏某使用私家车练车的行为是违反上述规定的。其实，我们在驾校驾驶的教练车与私家车不一样，教练车是经过改造的，例如，教练车的副驾驶位置上会有制动系统，教练车的油门速度都有一定的限制等。而这些不同于私家车的性能都是为了学员的安全考虑，因为学员作为初学者驾驶技术尚有欠缺。如果驾校存在用私家车给学员练习的行为，一经发现就会被县级以上道路运输管理机构责令其限期整改；逾期整改不合格的，会予以通报。

法律条文

《机动车驾驶员培训管理规定》

第三十四条 机动车驾驶员培训机构应当使用符合标准并取得牌证、具有统一标识的教学车辆。

教学车辆的统一标识由省级道路运输管理机构负责制定，并组织实施。

第五十条 违反本规定，机动车驾驶员培训机构有下列情形之一的，由县级以上道路运输管理机构责令限期整改；逾期整改不合格的，予以通报：

……

（六）使用不符合规定的车辆及设施、设备从事教学活动的；

……

一句话说法

机动车驾驶员培训机构应当使用规定的教学车辆进行教学，不得使用私家车和其他不符合标准的机动车让学员学习或者练习，这是对学员安全负责任的表现。如果驾校违反这一规定，道路运输管理部门有权对该驾校进行处罚。

28. 驾校可以要求学员每天练车不少于6 个小时吗?

案例背景

小薛毕业以后在长沙找了一份工作，由于大学期间忙于学业，小薛一直都未考驾照。直到上班后，小薛发现自己作为助理，领导应酬后无法开车，让他代驾时，他都会很不好意思地说自己还没有拿到驾照。为了工作方便，小薛痛下决心，无论多苦多累，也要在短时间内拿到驾照。通过网络搜索，小薛找到一个口碑不错的驾校并报了名。很快，小薛被安排练车。在练车过程中，小薛发现驾校为了缩短时间，要求每个练车的学员每天练车不得少于 6 个小时，否则就要等到下一批报考。小薛为了尽早拿到驾照，便同意了驾校的安排。然而，小薛平时工作已经很忙了，再抽出 6 个小时的时间练车使他身心俱疲，有一次训练时甚至差点儿撞车，于是他开始思考驾校这样安排培训是否合法。

学法有疑

驾校能否要求每个学员每天练车不少于 6 个小时?

法律讲堂

目前，为了尽快毕业，提高驾校运营效率，“突击拿车本儿”成了不少驾校和学员的共同选择，有些学员表示深夜十一二点还在练车，这种现象定会滋生更多的“马路杀手”。《机动车驾驶员培训管理规定》第二十九条规定：“机动车驾驶员培训实行学时制，按照学时合理收取费用。机动车驾驶员培训机构应当将学时收费标准报所在地道路运输管理机构备案。对每个学员理论培训时间每天不得超过 6 个学时，实际操作培训时间每天不得超过 4 个学时。”这是法律对实际操作培训时间的硬性标准，每个驾校都应当认真遵守，不能为了缩短教学时间就罔顾科学合理的教学。因此本案中的驾校要求小薛等学员每天练车不得少于 6 个小时的做法是违反法律规定的。

法律条文

《机动车驾驶员培训管理规定》

第二十九条 机动车驾驶员培训实行学时制，按照学时合理收取费用。机动车驾驶员培训机构应当将学时收费标准报所在地道路运输管理机构备案。

对每个学员理论培训时间每天不得超过 6 个学时，实际操作培训时间每天不得超过 4 个学时。

一般情况下，驾驶员培训计时系统会对驾驶员学车时间、学车里程等信息实时监控并上传至后台数据库和公安机关共享信息。学员的培训时间达不到规定课时的，公安交警部门将不受理该考生的考试申请，这条法律就是为了打击违反操作培训时间限制的驾校而专门作出规定。

29. 驾校学员练车时，亲属可以在车上陪同吗？

案例背景

小丽是一名大三的学生，由于小时候出过车祸，留下了一定的心理阴影，所以一直对车辆有恐惧感。临近大学毕业，小丽听说以后很多用人单位都要求会开车，而现在不考驾照，以后就更没有时间考了，于是和家里人商量后，小丽鼓起勇气在当地的驾校报了名。很快，小丽就收到了驾校的练车通知，但是她非常紧张，生怕自己一不小心就出了车祸，紧张得饭都吃不下。小丽的爸爸非常担心女儿，于是决定陪着女儿到训练场训练。然而到了场地后，教练要求小丽的爸爸只能在场地边缘等待，不能进入车辆内，小丽的爸爸非常不解，认为自己只是从旁陪同，并不会给教学带来影响。

学法有疑

小丽的爸爸能否乘坐教学车辆陪同练习呢？

法律讲堂

本案中，小丽的爸爸不能乘坐教学车辆陪同小丽进行练习，这不仅是法律的硬性要求，更是保障学员生命安全的必然要求。《机动车驾驶员培训管理规定》第三十七条规定："机动车驾驶员培训机构在道路上进行培训活动，应当遵守公安交通管理部门指定的路线和时间，并在教练员随车指导下进行，与教学无关的人员不得乘坐教学车辆。"驾校的学员在训练场地上学习时，教练负有随车指导的义务，包括及时对学员的不正确操作进行纠正，监督学员谨慎学习，在发生突发事件时及时进行处理等。由于驾车训练需要高度集中注意力，如果有学员之外的其他人员从旁进行干预，将严重影响教学质量，甚至在干扰过程中发生交通事故，因而法律明确规定其他人员不得进入教学车辆内。本案中，小丽的经历值得同情，但相信通过教练的正确指导和小丽的努力学习，她一定能克服心理障碍。

法律条文

《机动车驾驶员培训管理规定》

第三十七条 机动车驾驶员培训机构在道路上进行培训活动，应当遵守公安交通管理部门指定的路线和时间，并在教练员随车指导下进行，与教学无关的人员不得乘坐教学车辆。

一句话说法

学员在接受驾驶员资格培训时是不具备驾驶资格的，也不具备处理突发事件的能力，因此，驾校教练员必须随车指导，在出现突发情况时，及时指导、妥善处理、保障学员安全。如果与教学无关的人员乘坐教学车辆，会扰乱教学秩序，影响教学质量，所以法律明确规定无关人员不得乘坐教学车辆。

第3章 机动车通行规定

30. 司机可以在没有限速的路段飙车吗？

案例背景

一天，金某和几个朋友约好，晚上到某酒店一起吃饭，几个人好久没见面了，借此机会联络一下感情。在吃饭前，金某提议说，今天大家都聚在一起，吃完饭后玩点儿刺激的游戏——赛车，并且说他已经找到一个合适的地方，不限制车速，可以让大家尽情地飙车，金某的几个朋友也表示赞同。金某为了保证大家的生命安全，吃饭的时候劝大家都不要喝酒，因此他们吃饭也就没有点酒。吃完饭后，他们来到约定的地点，路上很清静，完全看不到人影。金某与朋友杨某率先进行比赛，两人在这段没有限速的路段追赶飙车，越比越来劲。

学法有疑

请问金某和他的朋友可以在没有限速的路段飙车吗？

法律讲堂

《道路交通安全法》第四十二条规定："机动车上道路行驶，不得超过限速标志标明的最高时速。在没有限速标志的路段，应当保持安全车速。夜间行驶或者在容易发生危险的路段行驶，以及遇有沙尘、冰雹、雨、雪、雾、结冰等气象条件时，应当降低行驶速度。"因此，金某和他的朋友违反了《道路交通安全法》，在没有限速标志的路段，没有保持安全车速的规定。车辆在道路上行驶时，驾驶员应当将车速控制在一定范围内，按照道路标示的时速行驶，即使在没有限速的路段，驾驶员也不能超速行驶或飙车。飙车本就属于危险驾驶，而且他们还是在晚上进行，很容易危害自己和他人的生命安全。

法律条文

《中华人民共和国道路交通安全法》

第四十二条 机动车上道路行驶，不得超过限速标志标明的最高时速。在没有限速标志的路段，应当保持安全车速。

夜间行驶或者在容易发生危险的路段行驶，以及遇有沙尘、冰雹、雨、雪、雾、结冰等气象条件时，应当降低行驶速度。

一句话说法

驾驶员在开车过程中应该始终把生命安全放在最重要的位置，严格控制车速，既不超速行驶，也不过慢行驶，在没有限速的路段更不能掉以轻心，不能与他人追逐竞驶、飙车等。

31. 哪些情况下的超车是违反我国法律规定的？

案例背景

吴某在某餐饮公司上班，由于公司离家比较远，而且没有直达的公共交通，为了方便，吴某一直都是自己开车上下班。有一次，吴某在上班的路上，突然妻子小周打来电话说女儿被热水烫伤，让吴某赶紧回来带女儿去医院治疗。吴某听到女儿被烫伤后非常着急，立即加快车速往家的方向行驶。但是在途中吴某遇到一辆面包车，该车行驶速度缓慢，于是吴某鸣笛示意，请面包车司机让路，而面包车司机却置之不理，吴某只能加速超车，这时正好赶上左转弯，面包车已经打了左转向灯，吴某仍没有放弃超车行为，导致两车相撞。

学法有疑

请问吴某能否在弯道处超车？我国法律规定了哪些情况下超车是违反法律规定的？

法律讲堂

吴某不能在弯道处超车。根据《道路交通安全法》第四十三条的规定，同车道行驶的机动车，后车应当与前车保持足以采取紧急制动措施的安全距离。前车正在左转弯、掉头、超车的，不得超车。在本案中，吴某想赶回家送女儿到医院治疗，因而非常着急，在前方面包车缓慢行驶还不让路的情况下，吴某想超越前车的想法是可行的。但是当前车已经打左转向灯时，吴某则应该放弃超车。

法律条文

《中华人民共和国道路交通安全法》

第四十三条 同车道行驶的机动车，后车应当与前车保持足以采取紧急制动措施的安全距离。有下列情形之一的，不得超车：

（一）前车正在左转弯、掉头、超车的；

（二）与对面来车有会车可能的；

（三）前车为执行紧急任务的警车、消防车、救护车、工程救险车的；

（四）行经铁路道口、交叉路口、窄桥、弯道、陡坡、隧道、人行横道、市区交通流量大的路段等没有超车条件的。

一句话说法

司机超车时需要做到小心谨慎，在超车前应该观察前车是否有左转弯、掉头、超车等特殊情况，一旦发现前车有上述情况，为了确保双方的安全，应该马上放弃超车。只有这样才能最大限度地避免交通事故发生。

32. 在通过没有交通信号灯和交警指挥的交叉路口时，哪方来车应先行？

案例背景

新年期间，许某带着买好的礼品，准备去姑妈家拜年。许某因为从小跟着姑妈，且快一年没有见到姑妈了，所以想早点儿到姑妈家，和姑妈多待一会儿，聊聊家常。许某开着车由东向西行驶，途经一个没有信号灯的路口时，许某也没有放慢车速。在许某已经过了大半个路口时，刘某驾驶着一辆面包车由北向南驶至岔路口。许某认为自己已经优先通过路口，刘某应该让行，但是刘某并没有让行的意思，结果两车撞到了一起。

学法有疑

请问在通过没有交通信号灯和交警指挥的交叉路口时，哪方来车应先行？

法律讲堂

我国《道路交通安全法》第四十四条规定："机动车通过交叉路口，应当按照交通信号灯、交通标志、交通标线或者交通警察的指挥通过；通过没有交通信号灯、交通标志、交通标线或者交通警察指挥的交叉路口时，应当减速慢行，并让行人和优先通行的车辆先行。"同时《道路交通安全法实施条例》第五十一条规定，机动车通过有交通信号灯控制的交叉路口，应当按照规定通行。该法第五十二条也作了相关规定，机动车通过没有交通信号灯控制也没有交通警察指挥的交叉路口，除应当遵守该法第五十一条第（二）项、第（三）项的规定外，还应当遵守一些规定。在上述案例中，二人均应减速慢行，如果有行人应该让行人优先通过，没有行人应该让优先通过的车辆先行。刘某在明知许某已经优先通过的情况下仍没有减速让行，结果导致两车相撞，按照法律规定，刘某需对此承担主要责任。

法律条文

《中华人民共和国道路交通安全法》

第四十四条 机动车通过交叉路口，应当按照交通信号灯、交通标志、交通标线或者交通警察的指挥通过；通过没有交通信号灯、交通标志、交通标线或者交通警察指挥的交叉路口时，应当减速慢行，并让行人和优先通行的车辆先行。

《中华人民共和国道路交通安全法实施条例》

第五十一条 机动车通过有交通信号灯控制的交叉路口，应当按照下列规定通行：

……

（二）准备进入环形路口的让已在路口内的机动车先行；

（三）向左转弯时，靠路口中心点左侧转弯。转弯时开启转向灯，夜间行驶开启近光灯；

……

第五十二条 机动车通过没有交通信号灯控制也没有交通警察指挥的交叉路口，除应当遵守第五十一条第（二）项、第（三）项的规定外，还应当遵守下列规定：

（一）有交通标志、标线控制的，让优先通行的一方先行；

（二）没有交通标志、标线控制的，在进入路口前停车瞭望，让右方道路的来车先行；

……

交叉路口、十字路口等都是交通运行较为复杂的路段，驾驶员在通过这些路段时，特别是在没有交通信号灯、交通标线或者交通警察指挥的情况下，更应该减速慢行，并让行人和优先通行的车辆先行。

33. 货运车的车厢可以载客吗？

案例背景

陈某自己经营了一片果园，在水果成熟时，陈某就用自己的货运车将水果从果园拉到城区，供应给超市或是水果专卖店。2019 年 8 月，陈某将水果送到城区后准备回家，陈某想到：既然车厢是空的，那可以在里面准备一些小凳子，捎带几个乘客，赚点儿“外快”。在回来的途中，果然有两个路人招手搭车，陈某带上他们继续往家的方向行驶。当陈某开车经过城区的一个路口时，陈某被交警拦下，并被告知货运机动车不可以载客，同时，交警对陈某作出罚款处罚。陈某很困惑不解。

学法有疑

请问货运车的车厢载客违法吗？

法律讲堂

《道路交通安全法》第五十条规定："禁止货运机动车载客。货运机动车需要附载作业人员的，应当设置保护作业人员的安全措施。"同时根据我国《道路交通安全法实施条例》第五十五条第二项规定："载货汽车车厢不得载客。在城市道路上，货运机动车在留有安全位置的情况下，车厢内可以附载临时作业人员1人至5人；载物高度超过车厢栏板时，货物上不得载人。"由此可见，货运机动车的专门用途是运送货物，货运机动车不得私自更改货运机动车用途，运送乘客并以此谋取利益。因此，在本案中陈某在货车车厢中放几张小板凳是不具备乘客乘坐车辆安全条件的，对乘客来讲是非常危险的，他不应该用这种方式赚钱，因此陈某被警察拦下是符合我国《道路交通安全法》规定的。

法律条文

《中华人民共和国道路交通安全法》

第五十条 禁止货运机动车载客。

货运机动车需要附载作业人员的，应当设置保护作业人员的安全措施。

《中华人民共和国道路交通安全法实施条例》

第五十五条 机动车载人应当遵守下列规定：

……

（二）载货汽车车厢不得载客。在城市道路上，货运机动车在留有安全位置的情况下，车厢内可以附载临时作业人员1人至5人；载物高度超过车厢栏板时，货物上不得载人；

……

一句话说法

运送乘客的交通工具具有保护乘客安全的特殊设施，而运送货

物的货车不具备这些设施。为了保证乘客的人身安全，法律规定货车不能载客行驶。如果货运机动车需要附载作业人员，应该在货车中设置保护作业人员的安全措施。

34. 我国法律法规对机动车载物作出了哪些限制规定?

案例背景

田某是某钢厂的厂长，在这个钢厂已经工作很多年。邵某是田某的侄子，因为高中毕业之后就没有再上学，找不到好的工作，在田某的钢厂人手不够时，邵某就去帮忙，田某每月会支付邵某一些工资。一天，田某让邵某将一批钢材运送到某地。当邵某开着载满钢材的货车经过某路口时，由于货车载运过多，超过该路段的规定高度，被卡在路口无法通过。交警很快赶到，对事情的经过进行了详细的询问，得知邵某因运载钢材超过规定高度，才引起这起事故，交警依法对邵某作出了相应处罚。

学法有疑

请问机动车载物应符合哪些规定?

法律讲堂

我国《道路交通安全法实施条例》第五十四条规定:“机动车载物不得超过机动车行驶证上核定的载质量，装载长度、宽度不得超出车厢，并应当遵守下列规定:(一)重型、中型载货汽车，半挂车载物，高度从地面起不得超过4米，载运集装箱的车辆不得超过4.2米;(二)其他载货的机动车载物，高度从地面起不得超过2.5米……”本案中，邵某明显没有遵守上述规定，在超过规定高度的路口强行通过，才导致事故的发生。邵某应该对自己的违法行为承担相应的法律责任。

法律条文

《中华人民共和国道路交通安全法实施条例》

第五十四条 机动车载物不得超过机动车行驶证上核定的载质

量，装载长度、宽度不得超出车厢，并应当遵守下列规定：

（一）重型、中型载货汽车，半挂车载物，高度从地面起不得超过4米，载运集装箱的车辆不得超过4.2米；

（二）其他载货的机动车载物，高度从地面起不得超过2.5米；

（三）摩托车载物，高度从地面起不得超过1.5米，长度不得超出车身0.2米。两轮摩托车载物宽度左右各不得超出车把0.15米；三轮摩托车载物宽度不得超过车身。

载客汽车除车身外部的行李架和内置的行李箱外，不得载货。载客汽车行李架载货，从车顶起高度不得超过0.5米，从地面起高度不得超过4米。

机动车在载物行驶时，出现交通事故的概率要高于其他情况。为了保障机动车运输货物，减少事故的发生，我国法律对机动车载物的标准作出了严格的规定，机动车司机需严格遵守这些规定，这既是对自己的安全负责，也是对他人的安全负责。

35. 装载易燃易爆物品的机动车可以不悬挂警示标志吗?

案例背景

李某在小时候因突发高烧未及时医治，导致从小就不能开口说话。长大后，李某只能跟随父亲，开着小货车给别人拉货赚钱，维持家庭生活。李某22岁的时候，他的父亲因病去世，从此以后，李某只能自己开车拉货。2019年4月，李某经人介绍为市里的某住宅小区送液化气。有一天，李某正开着小货车去往城区的方向，车里装着需要运输的液化气罐，而且罐里装满了液化气。李某行至一个路口时，被交警拦了下来。交警称李某的机动车装载易燃易爆品，没有悬挂警示标志，违反了法律规定，对李某作出了罚款处罚。

学法有疑

请问装载易燃易爆物品的机动车不悬挂警示标志，违法吗?

法律讲堂

《道路交通安全法》第四十八条第三款规定：“机动车载运爆炸物品、易燃易爆化学物品以及剧毒、放射性等危险物品，应当经公安机关批准后，按指定的时间、路线、速度行驶，悬挂警示标志并采取必要的安全措施。”本案中，李某运送的液化气属于易燃易爆物品，依照法律规定其应在货车上悬挂警告标志并采取必要的安全措施。事实上李某既没有悬挂警示标志也没有采取必要的安全措施，其行为违法。

法律条文

《中华人民共和国道路交通安全法》

第四十八条 机动车载物应当符合核定的载质量，严禁超载；载物的长、宽、高不得违反装载要求，不得遗洒、飘散载运物。

机动车运载超限的不可解体的物品，影响交通安全的，应当按照公安机关交通管理部门指定的时间、路线、速度行驶，悬挂明显标志。在公路上运载超限的不可解体的物品，并应当依照公路法的规定执行。

机动车载运爆炸物品、易燃易爆化学物品以及剧毒、放射性等危险物品，应当经公安机关批准后，按指定的时间、路线、速度行驶，悬挂警示标志并采取必要的安全措施。

司机在驾驶机动车载运爆炸物等危险物品时，应当获得公安机关的批准，然后按照规定悬挂警示标志，同时要采取必要的安全措施，提醒其他过往车辆和行人注意避让，以确保货车和其他车辆及行人的安全。

36. 机动车行驶中突然发生故障，驾驶人应做出哪些应急处理措施？

案例背景

孙某是一名司机，在某市的汽车站工作了十几年，驾驶经验非常丰富。孙某的行车路线是从市里开到某镇，路程较长，所以孙某一天只往返一次。一天，孙某像平时一样开车往镇里行驶，在路上他感觉车辆在行驶过程中出现了一些问题，到达终点之后，孙某以车辆需要检修为由，没有拉送乘客，独自一人向汽车维修站行驶。还没有到维修站，汽车的刹车突然失灵，孙某直接转动方向盘，把车撞向路边的一棵大树。因孙某当时车速较慢且路上散落的一些石块增加了阻力，车辆撞到大树后停了下来，孙某也没有受伤。

学法有疑

机动车行驶中突然发生故障，驾驶人应做出哪些应急处理措施？

法律讲堂

《道路交通安全法》第五十二条规定：“机动车在道路上发生故障，需要停车排除故障时，驾驶人应当立即开启危险报警闪光灯，将机动车移至不妨碍交通的地方停放；难以移动的，应当持续开启危险报警闪光灯，并在来车方向设置警告标志等措施扩大示警距离，必要时迅速报警。”同时，《道路交通安全法实施条例》第六十条、第六十三条也作出了相关规定。在上述案例中，孙某驾驶的汽车刹车突然失灵，在孙某成功将车辆停下来后，因车辆无法移动，孙某应当持续开启危险报警闪光灯，并在来车方向设置警告标志等措施扩大示警距离，然后迅速报警。

法律条文

《中华人民共和国道路交通安全法》

第五十二条 机动车在道路上发生故障，需要停车排除故障时，驾驶人应当立即开启危险报警闪光灯，将机动车移至不妨碍交通的地方停放；难以移动的，应当持续开启危险报警闪光灯，并在来车方向设置警告标志等措施扩大示警距离，必要时迅速报警。

第六十八条 机动车在高速公路上发生故障时，应当依照本法第五十二条的有关规定办理；但是，警告标志应当设置在故障车来车方向一百五十米以外，车上人员应当迅速转移到右侧路肩上或者应急车道内，并且迅速报警。

机动车在高速公路上发生故障或者交通事故，无法正常行驶的，应当由救援车、清障车拖曳、牵引。

《中华人民共和国道路交通安全法实施条例》

第六十条 机动车在道路上发生故障或者发生交通事故，妨碍交通又难以移动的，应当按照规定开启危险报警闪光灯并在车后50米至100米处设置警告标志，夜间还应当同时开启示廓灯和后位灯。

第六十三条 机动车在道路上临时停车，应当遵守下列规定：

（一）在设有禁停标志、标线的路段，在机动车道与非机动车道、人行道之间设有隔离设施的路段以及人行横道、施工地段，不得停车；

（二）交叉路口、铁路道口、急弯路、宽度不足4米的窄路、桥梁、陡坡、隧道以及距离上述地点50米以内的路段，不得停车；

……

车辆在道路上突然发生故障，驾驶员要冷静处理，要对法律规定的应急处理措施了然于胸，按照法律规定排除故障、设置警告标志并在必要时迅速报警。车辆因故障必须停车，妨碍交通又难以移动时，应按规定开启危险报警闪光灯。如果在夜间，还需同时开启

示廓灯和后位灯。此外，在高速公路停车时，还应在车后150米处设置警告标志，在一般道路上停车时，则应在车后50米至100米处设置警告标志。这样做的目的一方面是保障驾驶员自己的人身安全，另一方面是避免干扰交通，减少二次事故的发生。

37. 自动清扫机在道路上逆向行驶违反法律规定吗?

案例背景

徐某是杭州市路政公司的清洁员，因为年龄的关系，到2019年5月徐某就要退休了。该路政公司招聘了一名新的清洁员小薛接替徐某的工作，在徐某正式退休之前，由徐某带领小薛熟悉工作中的具体内容。一天，徐某突然头晕目眩，不能来上班，他心想小薛已经熟悉工作一个多星期了，应该可以自己驾驶清扫机工作，于是让小薛代替自己上一天的班。小薛在工作中虽然能熟练地操作清扫机，但是他在工作时竟然逆向行驶，进行垃圾清扫。小薛的行为严重影响了交通秩序，引起了市民的反感，并有市民因此向路政公司写投诉信。

学法有疑

请问自动清扫机在道路上逆向行驶违反法律规定吗?

法律讲堂

《道路交通安全法》第五十四条规定："道路养护车辆、工程作业车进行作业时，在不影响过往车辆通行的前提下，其行驶路线和方向不受交通标志、标线限制，过往车辆和人员应当注意避让。洒水车、清扫车等机动车应当按照安全作业标准作业；在不影响其他车辆通行的情况下，可以不受车辆分道行驶的限制，但是不得逆向行驶。"在本案中，小薛可以在不影响其他车辆通行的情况下，不受车辆分道行驶的限制，但是不得驾驶清扫机在道路上逆向行驶。小薛上述做法已经违反了《道路交通安全法》的规定。

法律条文

《中华人民共和国道路交通安全法》

第五十四条 道路养护车辆、工程作业车进行作业时，在不影响过往车辆通行的前提下，其行驶路线和方向不受交通标志、标线限制，过往车辆和人员应当注意避让。

洒水车、清扫车等机动车应当按照安全作业标准作业；在不影响其他车辆通行的情况下，可以不受车辆分道行驶的限制，但是不得逆向行驶。

一句话说法

洒水车、清扫车等机动车是为维护城市卫生、道路清洁而工作和运行的，这些机动车在进行作业时，不得逆向行驶。因为逆向行驶会严重扰乱交通秩序，给行人造成恐慌，还可能造成不必要的交通事故。

38. 慢速车道内的机动车可以借用快速车道超车吗？

案例背景

洪某是某驾校的工作人员，除了帮驾校招收学员外，还负责接送学员到指定的考试场地。一天早上，洪某开车载着6名学员到某地参加科目二的考试。洪某所在的驾校距离考场较远，所以他带领学员早早出发了，他一直谨慎地在慢速车道上行驶。可是，在洪某的前方有一辆小车慢悠悠地行驶，洪某多次按喇叭提示，小车都置之不理。因为他们的行驶速度较慢，距离考试的时间越来越近，洪某害怕因迟到耽误学员考试，所以就借用了快速车道超过了那辆小车。

学法有疑

请问慢速车道内的机动车可以借用快速车道超车吗？

法律讲堂

洪某可以借用快速车道进行超车，这一行为并不违反我国的法律规定。《道路交通安全法实施条例》第四十四条规定："在道路同方向划有2条以上机动车道的，左侧为快速车道，右侧为慢速车道。在快速车道行驶的机动车应当按照快速车道规定的速度行驶，未达到快速车道规定的行驶速度的，应当在慢速车道行驶。摩托车应当在最右侧车道行驶。有交通标志标明行驶速度的，按照标明的行驶速度行驶。慢速车道内的机动车超越前车时，可以借用快速车道行驶。在道路同方向划有2条以上机动车道的，变更车道的机动车不得影响相关车道内行驶的机动车的正常行驶。"本案中，洪某前方的小车行驶缓慢，经过多次鸣笛示意后，前方车辆仍无让行的意思，为了避免耽误学员考试，洪某只得借用快速车道超越前方车辆，但变道超车时不得影响在相关车道内行驶的机动车的正常行驶。

法律条文

《中华人民共和国道路交通安全法实施条例》

第四十四条 在道路同方向划有2条以上机动车道的，左侧为快速车道，右侧为慢速车道。在快速车道行驶的机动车应当按照快速车道规定的速度行驶，未达到快速车道规定的行驶速度的，应当在慢速车道行驶。摩托车应当在最右侧车道行驶。有交通标志标明行驶速度的，按照标明的行驶速度行驶。慢速车道内的机动车超越前车时，可以借用快速车道行驶。

在道路同方向划有2条以上机动车道的，变更车道的机动车不得影响相关车道内行驶的机动车的正常行驶。

一句话说法

超车存在一定的危险，因此驾驶员需十分小心谨慎。我国法律规定在慢速车道内行驶的车辆想要超越前车的，可以借用快速车道行驶，但是变更车道时，不能影响在相关车道内行驶的其他机动车的正常行驶。

39. 司机驾驶拖拉机载人的行为符合法律规定吗？

案例背景

闵某刚刚拿到驾照，一时技痒，非常想开车出去兜风，但是他的父母还没有买车。于是闵某就想到他的邻居叔叔杨某有一辆拖拉机，还特意为拖拉机配置了一个车厢。闵某请求叔叔杨某让他开着拖拉机去路上兜风。杨某招架不住闵某的“花言巧语”，只得将钥匙交给他。闵某非常高兴，叫上几个小伙伴，让小伙伴们坐在拖拉机的车厢里，带他们一起去兜风。当闵某开到公路上时他被交警拦了下来，交警告知闵某拖拉机不得载人，并对闵某作出了相应处罚。

学法有疑

请问拖拉机可以载人吗？

法律讲堂

在农村经济条件不发达的地方，拖拉机是人们出行的重要交通方式，虽然我们时常看到很多人搭乘拖拉机出行，但按照规定拖拉机是不能载人的。《道路交通安全法》第五十五条规定："高速公路、大中城市中心城区内的道路，禁止拖拉机通行。其他禁止拖拉机通行的道路，由省、自治区、直辖市人民政府根据当地实际情况规定。在允许拖拉机通行的道路上，拖拉机可以从事货运，但是不得用于载人。"因此，本案中的执勤民警将闵某他们拦下，并进行处罚的做法是合理合法的。根据法律规定，拖拉机可以载物但不能载人，而闵某驾驶拖拉机载人出行的做法违反了这一规定，因此其应当为此承担相应的责任。

法律条文

《中华人民共和国道路交通安全法》

第五十五条 高速公路、大中城市中心城区内的道路，禁止拖拉机通行。其他禁止拖拉机通行的道路，由省、自治区、直辖市人民政府根据当地实际情况规定。

在允许拖拉机通行的道路上，拖拉机可以从事货运，但是不得用于载人。

在农作物收获的季节，绝大多数农民都会选择用拖拉机运送粮食蔬菜、庄稼秸秆等，有时他们也会用拖拉机载人。应提醒大家注意的是，我国法律规定拖拉机可以从事货运，但是不得用于载人，因为拖拉机上没有安全设施，不能保证乘客的人身安全。

40. 驾驶员将机动车停放在人行横道上，这一做法违反法律规定吗?

案例背景

刘某是某外企公司的职员，在该公司销售部门工作。从2019年10月起，刘某就一直在与顾客唐某洽谈合作的事情，但是唐某始终没有明确是否要与刘某的公司签订合同。刘某为了争取到这份合约，废寝忘食，对唐某有求必应。2020年，唐某让刘某邮递一份文件，要求刘某必须在那周的周日之前寄到。周四那天，刘某工作非常繁忙，到下午才想起要给唐某邮递文件。于是刘某赶紧开车向邮局驶去，想在邮局下班之前把文件邮递出去。碰巧那天车辆特别多，邮局外面的停车场已经停满了车，刘某就把车停放在了人行横道上。

学法有疑

驾驶员将机动车停放在人行横道上的做法违反法律规定吗?

法律讲堂

《道路交通安全法》第五十六条第一款规定："机动车应当在规定地点停放。禁止在人行道上停放机动车；但是，依照该法第三十三条规定施划的停车泊位除外。"同时该法第三十三条规定："新建、改建、扩建的公共建筑、商业街区、居住区、大（中）型建筑等，应当配建、增建停车场；停车泊位不足的，应当及时改建或者扩建；投入使用的停车场不得擅自停止使用或者改作他用。在城市道路范围内，在不影响行人、车辆通行的情况下，政府有关部门可以施划停车泊位。"刘某将车停放在人行横道上，严重影响行人的通行，这种做法违反我国《道路交通安全法》的规定。刘某可以多走几步将车停放在交警部门规划的停车位上，而不应为了省事直接把车停放在人行横道上。

法律条文

《中华人民共和国道路交通安全法》

第五十六条 机动车应当在规定地点停放。禁止在人行道上停放机动车；但是，依照本法第三十三条规定施划的停车泊位除外。

在道路上临时停车的，不得妨碍其他车辆和行人通行。

第三十三条 新建、改建、扩建的公共建筑、商业街区、居住区、大（中）型建筑等，应当配建、增建停车场；停车泊位不足的，应当及时改建或者扩建；投入使用的停车场不得擅自停止使用或者改作他用。

在城市道路范围内，在不影响行人、车辆通行的情况下，政府有关部门可以施划停车泊位。

人行横道是为了方便行人过马路而设置的，机动车行驶到人行横道时，应该减速慢行，必要时应该停车为行人让路。为了不影响行人过路，机动车驾驶人不能将车停放在人行横道上。

41. 机动车牵引挂车时，应该注意哪些事项？

案例背景

叶某是从农村出来的孩子，在大城市上海读大学，毕业之后经过很多困难才在上海找到一份工作。叶某和其他两个小姑娘一起合租了一套房子，因为叶某租的房子离她工作的地方很远，所以她每天不得不很早起床，坐一小时地铁或公交上班。在工作了两年后，叶某攒了一些钱，但远远不够买一辆新车，所以叶某决定买一辆高档的二手车。有一天，叶某开着车去上班，发现经过一个路口时，车子突然发生故障，怎么打火也打不着。交警来后，经检查发现车辆出现故障无法行驶而又排除不了故障，于是打电话叫牵引车将叶某的车拖走。

学法有疑

请问牵引挂车应当遵守哪些规定？

法律讲堂

上述案例中的叶某，在开车途中，车辆突然发生故障不能正常行驶，这种情况下，需要机动车牵引挂车把叶某的车拉走，以恢复交通。《道路交通安全法实施条例》第五十六条规定："机动车牵引挂车应当符合下列规定：（一）载货汽车、半挂牵引车、拖拉机只允许牵引1辆挂车。挂车的灯光信号、制动、连接、安全防护等装置应当符合国家标准；（二）小型载客汽车只允许牵引旅居挂车或者总质量700千克以下的挂车。挂车不得载人；（三）载货汽车所牵引挂车的载质量不得超过载货汽车本身的载质量。大型、中型载客汽车，低速载货汽车，三轮汽车以及其他机动车不得牵引挂车。"

法律条文

《中华人民共和国道路交通安全法实施条例》

第五十六条 机动车牵引挂车应当符合下列规定：

（一）载货汽车、半挂牵引车、拖拉机只允许牵引1辆挂车。挂车的灯光信号、制动、连接、安全防护等装置应当符合国家标准；

（二）小型载客汽车只允许牵引旅居挂车或者总质量700千克以下的挂车。挂车不得载人；

（三）载货汽车所牵引挂车的载质量不得超过载货汽车本身的载质量。

大型、中型载客汽车，低速载货汽车，三轮汽车以及其他机动车不得牵引挂车。

一句话说法

牵引挂车在工作时，应该严格按照法律规定，在机动车性能允许的范围内实施牵引，不得过度或过量牵引，避免出现故障车辆的问题没有解决，牵引挂车又出现新状况的情形。

—— 第 4 章 行人和乘车人通行规定 ——

42. 电动车上路之前也必须办理相关登记吗？

案例背景

张某是某公司职员，为了防止堵车耽误上班时间，张某便每天骑电动车上下班。这样既不耽误时间，也能做到节能减排。一天早上，张某照常骑电动车上班，在经过一个十字路口时，张某没有等绿灯就闯了过去，这一幕正好被当时正在执勤的交警看到，该交警立即拦下张某，并要求张某出示车辆证件。张某一听就蒙了，只听过汽车上路之前要办理相关证件，从没听过电动车上路也要办理证件，这可怎么办？

学法有疑

电动车等非机动车辆上路之前也需要办理相关登记吗？

法律讲堂

《道路交通安全法》第十八条规定：“依法应当登记的非机动车，经公安机关交通管理部门登记后，方可上道路行驶。依法应当登记的非机动车的种类，由省、自治区、直辖市人民政府根据当地实际情况规定。非机动车的外形尺寸、质量、制动器、车铃和夜间反光装置，应当符合非机动车安全技术标准。”由此可见，我国对于机动车和非机动车是实行统一登记制度的。目前，电动车等非机动车存在许多安全隐患，已被称为“马路杀手”，因此，张某的电动车在上道行驶前必须进行登记。

法律条文

《中华人民共和国道路交通安全法》

第十八条 依法应当登记的非机动车，经公安机关交通管理部门登记后，方可上道路行驶。

依法应当登记的非机动车的种类，由省、自治区、直辖市人民政府根据当地实际情况规定。

非机动车的外形尺寸、质量、制动器、车铃和夜间反光装置，应当符合非机动车安全技术标准。

电动车等非机动车在方便群众出行的同时，由于缺少有效的监

管，存在很大的安全隐患。要求某些种类的非机动车进行登记后才能上道路行驶，可以极大地方便相关部门监管，也可以增强人们的安全意识，有效地减少交通事故的发生。

43. 在非机动车道行驶的电动自行车最高时速不超过多少？

案例背景

小陈大学毕业后进入一家报社工作，并在离报社不远的地方租了一套房子，这样就可以每天骑电动自行车上下班。一天早上，小陈起晚了，为了不迟到，小陈骑着电动自行车飞驰在非机动车道上，不一会儿他就被执勤的交警拦下。小陈看到交警后很茫然，心想自己又没犯什么错拦住自己做什么？这时，该交警称小陈所骑电动自行车的车速已经超过最高时速，违反了交通规则，这种做法是非常危险的。

学法有疑

请问电动自行车在非机动车道行驶有最高时速限制吗？

法律讲堂

根据我国《道路交通安全法》第五十七条、第五十八条的规定，驾驶非机动车在道路上行驶应当遵守有关交通安全的规定。非机动车应当在非机动车道内行驶；在没有非机动车道的道路上，应当靠车行道的右侧行驶。残疾人机动轮椅车、电动自行车在非机动车道内行驶时，最高时速不得超过十五公里。同时，我国《道路交通安全法实施条例》第七十条详细规定了非机动车横过机动车道或者在非机动车道被占用时的行驶标准。由此可见，电动自行车也应当遵守有关交通安全的规定，在非机动车道行驶时，最高时速不得超过十五公里。因此，小陈骑电动自行车在非机动车道内行驶时，时速不得超过十五公里。

法律条文

《中华人民共和国道路交通安全法》

第五十七条 驾驶非机动车在道路上行驶应当遵守有关交通安全的规定。非机动车应当在非机动车道内行驶；在没有非机动车道的道路上，应当靠车行道的右侧行驶。

第五十八条 残疾人机动轮椅车、电动自行车在非机动车道内行驶时，最高时速不得超过十五公里。

《中华人民共和国道路交通安全法实施条例》

第七十条 驾驶自行车、电动自行车、三轮车在路段上横过机动车道，应当下车推行，有人行横道或者行人过街设施的，应当从人行横道或者行人过街设施通过；没有人行横道、没有行人过街设施或者不便使用行人过街设施的，在确认安全后直行通过。

因非机动车道被占用无法在本车道内行驶的非机动车，可以在受阻的路段借用相邻的机动车道行驶，并在驶过被占用路段后迅速驶回非机动车道。机动车遇此情况应当减速让行。

无论是机动车还是非机动车，道路行驶过程中都存在安全问题，因此，驾驶人都应当自觉遵守交通规则。电动自行车属于非机动车，应当在非机动车道内行驶，且行驶速度要在法定限度内，最高时速不得超过十五公里。

44. 非机动车经过有红绿灯的十字路口时应注意什么？

案例背景

李某在闲暇时，喜欢骑着山地车到附近的郊区转转，这样既能锻炼身体又能感受大自然的气息。周末，李某约了几个同样喜欢骑车的朋友到郊区游玩。李某骑到一个十字路口时恰好遇上红灯，看没有车辆经过，李某便闯了过去，正当李某骑到路中央时，从右边过来一辆小汽车，速度非常快，李某一时紧张摔倒在地，幸好小汽车及时刹车才没有发生车祸。李某感到后怕，并称下次过十字路口时一定会注意。

学法有疑

那么，非机动车经过有红绿灯的十字路口时应注意什么？

法律讲堂

我国《道路交通安全法实施条例》第六十八条规定："非机动

车通过有交通信号灯控制的交叉路口，应当按照下列规定通行：（一）转弯的非机动车让直行的车辆、行人优先通行；（二）遇有前方路口交通阻塞时，不得进入路口；（三）向左转弯时，靠路口中心点的右侧转弯；（四）遇有停止信号时，应当依次停在路口停止线以外。没有停止线的，停在路口以外；（五）向右转弯遇有同方向前车正在等候放行信号时，在本车道内能够转弯的，可以通行；不能转弯的，依次等候。”因此，李某不应抱着侥幸心理闯红灯，应该遵守交通秩序，注意安全。

法律条文

《中华人民共和国道路交通安全法实施条例》

第六十八条 非机动车通过有交通信号灯控制的交叉路口，应当按照下列规定通行：

（一）转弯的非机动车让直行的车辆、行人优先通行；

（二）遇有前方路口交通阻塞时，不得进入路口；

（三）向左转弯时，靠路口中心点的右侧转弯；

（四）遇有停止信号时，应当依次停在路口停止线以外。没有停止线的，停在路口以外；

（五）向右转弯遇有同方向前车正在等候放行信号时，在本车道内能够转弯的，可以通行；不能转弯的，依次等候。

交叉路口是事故频发地，非机动车通过交叉路口时，要严格遵守交通规则。遇到红绿灯时，要看清是通行信号还是停止信号。如果遇到停止信号，要正确地停在路口停止线以外，不可以抱着侥幸心理，在环顾无人后就闯红灯，这种做法极易发生事故。

45. 醉酒骑自行车可以吗?

案例背景

白某大学毕业后进入一家电子公司做销售，由于工作努力，白某很受老板的赏识。前不久，白某又为公司签了一笔大订单，老板很高兴，决定为白某开一场庆功会，并邀请公司的同事都参加，正好也趁这个机会大家聚一聚。聚会当天，大家都玩得非常尽兴，各自都在感慨工作不易，生活不易，每个人都喝了酒。庆功会结束后，醉醺醺的白某决定不开车，而是骑自行车回家。

学法有疑

那么，醉酒能骑自行车吗?

法律讲堂

日常生活中，人们都知道醉酒后不能驾驶机动车，酒后驾车会受到法律的严肃惩处。但对于酒后是否能骑自行车却不太了解。根据我国《道路交通安全法实施条例》第七十二条的规定，在道路上驾驶自行车、三轮车、电动自行车、残疾人机动轮椅车不得醉酒驾驶。实际上，醉酒后，人的意识往往处于不清醒的状态，此时如果驾车或骑车上路都是很危险的，极易引发交通事故，因此醉酒骑自行车也是我国法律所禁止的。本案中，白某在聚会中喝醉酒是不能骑自行车回家的。

法律条文

《中华人民共和国道路交通安全法实施条例》

第七十二条 在道路上驾驶自行车、三轮车、电动自行车、残疾人机动轮椅车应当遵守下列规定：

（一）驾驶自行车、三轮车必须年满12周岁；

（二）驾驶电动自行车和残疾人机动轮椅车必须年满16周岁；

（三）不得醉酒驾驶；

……

骑自行车上路行驶和驾驶机动车上路行驶一样，同样存在安全隐患。在道路上骑自行车也要遵守相关的交通规则，不得让12周岁以下的儿童骑车上路，成年人也不得醉酒骑车。这既是对自己的生命安全负责，也是对他人的生命安全负责。

46. 哪些人群上路需要有人带领?

案例背景

某天中午，冯某在家里看午间新闻时，看到这样一篇报道：妈妈沉迷于手机导致三岁半小孩丧命。事情发生后记者第一时间采访了这位孩子的妈妈。孩子妈妈讲自己当时准备带孩子去和朋友吃饭，在等红灯的时候收到朋友发来的微信，于是她便和朋友聊了起来，没想到孩子突然跑了出去，被一辆飞驰过来的汽车撞倒，当场身亡。

学法有疑

那么，哪些人群上路需要有人带领?

法律讲堂

我国《道路交通安全法》第六十四条第一款规定："学龄前儿童以及不能辨认或者不能控制自己行为的精神疾病患者、智力障碍者在道路上通行，应当由其监护人、监护人委托的人或者对其负有管理、保护职责的人带领。"也就是说，成年人或者能辨认、控制自己行为的行为能力人在通过公路或者交通路口时，不需要他人专门带领，但对于年纪尚小或者精神、智力有缺陷的人，为了保护这些特殊人群的安全，应当有专门人员陪同。案例中该儿童的妈妈不应该沉迷于手机，而是应该时刻注意身边的孩子。如果她能及时制止孩子跑出去，惨剧也许就不会发生了。

法律条文

《中华人民共和国道路交通安全法》

第六十四条 学龄前儿童以及不能辨认或者不能控制自己行为的精神疾病患者、智力障碍者在道路上通行，应当由其监护人、监护人委托的人或者对其负有管理、保护职责的人带领。

盲人在道路上通行，应当使用盲杖或者采取其他导盲手段，车辆应当避让盲人。

一句话说法

对一般成年人来说，.过马路时不仅会看交通信号灯，而且会环顾四周是否有车辆，以便安全通行。但学龄前的儿童、不能辨认自己行为的精神病人等人群由于缺乏对行为的认知，无法评估周围环境对自己的威胁，因此，这类人群需要有人陪同过马路。

47. 在行车中向外抛垃圾会受到什么样的处罚?

案例背景

随着社会经济的发展，路上的私家车越来越多，行车文明也越来越受到关注。人们经常会看到一些车主把马路当成垃圾箱，随手往车窗外扔垃圾。这不仅有损城市的美观，而且会给环卫工人造成麻烦，同时给交通安全带来很大的隐患。某日，吴某正在路上走着，突然从一辆私家车里飞出一个塑料袋，袋子里的瓜子皮和水果皮全部散落在地上，被往来的车子反复碾压，导致路面特别脏。后来，一位环卫工人走过来把路面上的垃圾打扫了。

学法有疑

那么，行车时向窗外扔垃圾会受到什么样的处罚呢?

法律讲堂

我国《道路交通安全法》第六十六条规定："乘车人不得携带易燃易爆等危险物品，不得向车外抛洒物品，不得有影响驾驶人安全驾驶的行为。"实际上，在急速行驶的火车或者其他交通车辆内向车外扔东西的行为，不仅会破坏环境卫生，而且不利于车辆的行驶安全，会影响其他车辆正常通行。因此，在本案中，乘车人不得向车外抛洒物品，按照我国法律现在的规定，如果被拍到，可能会被处以200元以下罚款。

法律条文

《中华人民共和国道路交通安全法》

第六十六条 乘车人不得携带易燃易爆等危险物品，不得向车外抛洒物品，不得有影响驾驶人安全驾驶的行为。

第九十条 机动车驾驶人违反道路交通安全法律、法规关于道路通行规定的，处警告或者二十元以上二百元以下罚款。本法另有规定的，依照规定处罚。

一句话说法

文明行车是每一个公民应该遵守的基本道德规范。在高速行驶的车内向外随意抛洒物品，不仅会影响市容市貌，增加环卫工人的工作量，还会影响后方车辆的驾驶安全。因此，为避免事故的发生，我国法律明确禁止乘车人从高速行驶的交通工具中随意向车外抛洒物品。

48. 如何处理骑自行车违规不接受罚款的情况？

案例背景

肖某所在小区的马路对面是一家私立幼儿园，马路是一条双向通道，马路中央设有隔离带。一天，肖某骑车送孩子到对面的幼儿园上学。平时，肖某都是从小区附近的十字路口过马路。某天出门时，肖某看到小区门口前的隔离带开了个口子，于是，肖某为图方便就从该隔离带的开口处骑了过去。结果被该路段正在执勤的交警发现，将肖某拦下，告知肖某这种行为非常危险，也是不对的，并作出了罚款50元的处罚。肖某不服，认为自己虽然做得不对，但也没有到罚款的地步。因此，肖某拒绝接受罚款处罚。

学法有疑

如何处理骑自行车违规不接受罚款的情况？

法律讲堂

我国《道路交通安全法》第八十九条规定："行人、乘车人、非机动车驾驶人违反道路交通安全法律、法规关于道路通行规定的，处警告或者五元以上五十元以下罚款；非机动车驾驶人拒绝接受罚款处罚的，可以扣留其非机动车。"由此可见，一般情况下，行为人违反交通管理法规就要承担一定的法律责任。但是也有不少违法者对交通管理部门作出的处罚不服，拒绝接受罚款处罚。对于这样的情形，交警可以扣留其非机动车。也就是说，在本案中交警根据法律有权对肖某的自行车进行扣留。

法律条文

《中华人民共和国道路交通安全法》

第八十九条 行人、乘车人、非机动车驾驶人违反道路交通安全法律、法规关于道路通行规定的，处警告或者五元以上五十元以下罚款；非机动车驾驶人拒绝接受罚款处罚的，可以扣留其非机动车。

一句话说法

在日常生活中，我们经常见到机动车违反交通规则被罚款的事情，但对行人和非机动车违反交通规则的处理知道得却很少。实际上，行人和非机动车驾驶人也是要严格遵守交通规则的，如果有违反交通规则的情形，也会依法受到相应的处罚。

49. 小学生是否能乘坐摩托车后座?

案例背景

阳阳是一名小学一年级的学生。一天，阳阳的爸爸杨某决定骑着新买的摩托车带阳阳进城赶集。这是阳阳长这么大第一次乘坐摩托车，因此既好奇又开心。杨某问阳阳是坐在前边还是后边，阳阳毫不犹豫地说要坐在后边。于是，杨某便把阳阳放到摩托车的后座上。但父子俩刚到城里就被交警拦下了，此时的杨某十分困惑。后来，交警告诉杨某由于他搭载未满 12 周岁的未成年人，违反了交通规则，因此要对杨某进行罚款。

学法有疑

请问摩托车后座可以带孩子吗？

法律讲堂

我国《道路交通安全法》第五十一条规定："机动车行驶时，驾驶人、乘坐人员应当按规定使用安全带，摩托车驾驶人及乘坐人员应当按规定戴安全头盔。"另外，《道路交通安全法实施条例》第五十五条第三项明确规定，摩托车后座不得乘坐未满 12 周岁的未成年人，轻便摩托车不得载人。由此可知，乘坐摩托车时不戴安全头盔以及后座搭载不满 12 周岁的未成年人都是违法行为。本案中，阳阳是小学一年级的学生，不满 12 周岁，依法不能乘坐摩托车后座。因此，交警的处罚是正确的，为了保障孩子的安全，杨某不应该让孩子乘坐摩托车后座。

法律条文

《中华人民共和国道路交通安全法》

第五十一条 机动车行驶时，驾驶人、乘坐人员应当按规定使用安全带，摩托车驾驶人及乘坐人员应当按规定戴安全头盔。

《中华人民共和国道路交通安全法实施条例》

第五十五条 机动车载人应当遵守下列规定：

……

（三）摩托车后座不得乘坐未满12周岁的未成年人，轻便摩托车不得载人。

摩托车是很多家庭外出的重要交通工具。骑摩托车上路除了要遵守交通规则外，还应当按照规定佩戴安全头盔。对于可以搭载乘客的摩托车，还要注意摩托车后座不得搭载未满12周岁的未成年人，这既是出于安全的需要，也是法律的要求。

50. 交警有权对在道路上滑滑板的行人进行罚款吗?

案例背景

张某是某大学的学生，也是学校滑板社的成员。张某从小就对玩滑板情有独钟，但由于平时学习紧张，又一直被父母管着，因此对滑板接触很少。直到上了大学之后，张某才算真正接触到滑板，当知道学校有滑板社时，张某便在第一时间参加了社团。一个学期下来，张某的滑板技术越来越好，可以随时随地展示自己的滑板技术。某日，张某决定和朋友们一起到马路上玩滑板，这样既可以锻炼技术，又很刺激。可当他们刚到路上滑的时候，就被交警拦下，交警对张某等人作出了罚款处罚。

学法有疑

行人在道路上滑滑板，交警有权对其进行罚款吗?

法律讲堂

我国《道路交通安全法实施条例》第七十四条明确规定，行人不得在道路上使用滑板、旱冰鞋等滑行工具。同时，我国《道路交通安全法》第八十九条规定：“行人、乘车人、非机动车驾驶人违反道路交通安全法律、法规关于道路通行规定的，处警告或者五元以上五十元以下罚款；非机动车驾驶人拒绝接受罚款处罚的，可以扣留其非机动车。”由此可知，对于行人违反交通规则的行为，交警是有权作出处罚的。因此，在本案中，张某等人在路上滑滑板的行为已经违反相关的法律规定，交警有权对其罚款。

法律条文

《中华人民共和国道路交通安全法实施条例》

第七十四条 行人不得有下列行为：

（一）在道路上使用滑板、旱冰鞋等滑行工具；

（二）在车行道内坐卧、停留、嬉闹；

（三）追车、抛物击车等妨碍道路交通安全的行为。

《中华人民共和国道路交通安全法》

第八十九条 行人、乘车人、非机动车驾驶人违反道路交通安全法律、法规关于道路通行规定的，处警告或者五元以上五十元以下罚款；非机动车驾驶人拒绝接受罚款处罚的，可以扣留其非机动车。

在道路行驶中，相比机动车和非机动车，行人没有任何防护措施，属于弱势者，因此更应该遵守交通规则。行人在道路上滑滑板不仅会影响交通，要受到相应的处罚，而且容易引发事故，给自己的生命安全带来危害。

第 5 章 道路交通事故责任认定

51. 法律对交通事故认定书的作出时间是如何规定的？

案例背景

某日凌晨3点，某医院的医生贾某从医院返回家中休息，由于当天早上雾很大，贾某开车非常谨慎。在路过某绿化带时，草丛里突然窜出一只猫，贾某为了躲避，将车往左边行驶，而通宵宿醉的李某在马路中间横躺，被不慎撞伤。交通事故发生后，贾某立即拨打了120急救电话，并就地进行了紧急治疗。后来交警赶到现场，进行了一番调查，履行了正常的手续，但一直未向贾某和李某下发交通事故认定书。半个月后，李某的家属漫天要价，要求贾某支付巨额赔偿金，贾某才发现交警并未作出交通事故认定书。

学法有疑

本案中的交通管理部门未向当事人作出交通事故认定书的行为合法吗?

法律讲堂

交通事故认定书是公安交通管理部门对事故进行调查和分析后作出的对交通事故的事实、成因和责任划分进行明确的一种文书。我国《道路交通安全法》第七十三条规定:“公安机关交通管理部门应当根据交通事故现场勘验、检查、调查情况和有关的检验、鉴定结论，及时制作交通事故认定书，作为处理交通事故的证据。交通事故认定书应当载明交通事故的基本事实、成因和当事人的责任，并送达当事人。”虽然此文书不具有法律意义上的强制力，但是可以作为一份重要的证据，在后续的诉讼维权中意义重大，因此交通部门在认定交通事实的成因后就应当制作交通事故认定书，明确双方当事人应承担的责任。根据《道路交通事故处理程序规定》第二十四条第二款的规定，适用简易程序处理道路交通事故时，交通警察应当当场制作道路交通事故认定书，不具备当场制作条件的，交通警察应当在三日内制作道路交通事故认定书。同时，该法第六十二条第一款规定:“公安机关交通管理部门应当自现场调查之日起十日内制作道路交通事故认定书。交通肇事逃逸案件在查获交通肇事车辆和驾驶人后十日内制作道路交通事故认定书。对需要进行检验、鉴定的，应当在检验报告、鉴定意见确定之日起五日内制作道路交通事故认定书。”可见，发生道路交通事故后，交警、交通部门应当依法在法定期限内制作交通事故认定书，本案中的交通管理部门没有及时向贾某出具交通事故认定书的行为是违法的，贾某有权要求该部门履行职责。

法律条文

《中华人民共和国道路交通安全法》

第七十三条 公安机关交通管理部门应当根据交通事故现场勘验、检查、调查情况和有关的检验、鉴定结论，及时制作交通事故认定书，作为处理交通事故的证据。交通事故认定书应当载明交通事故的基本事实、成因和当事人的责任，并送达当事人。

《道路交通事故处理程序规定》

第二十四条第二款 撤离现场后，交通警察应当根据现场固定的证据和当事人、证人陈述等，认定并记录道路交通事故发生的时间、地点、天气、当事人姓名、驾驶证号或者身份证号、联系方式、机动车种类和号牌号码、保险公司、保险凭证号、道路交通事故形态、碰撞部位等，并根据本规定第六十条确定当事人的责任，当场制作道路交通事故认定书。不具备当场制作条件的，交通警察应当在三日内制作道路交通事故认定书。

第六十二条 公安机关交通管理部门应当自现场调查之日起十日内制作道路交通事故认定书。交通肇事逃逸案件在查获交通肇事车辆和驾驶人后十日内制作道路交通事故认定书。对需要进行检验、鉴定的，应当在检验报告、鉴定意见确定之日起五日内制作道路交通事故认定书。

有条件的地方公安机关交通管理部门可以试行在互联网公布道路交通事故认定书，但对涉及的国家秘密、商业秘密或者个人隐私，应当保密。

一句话说法

交通事故认定书对于当事人意义重大，是明确双方当事人责任的重要凭证。因此，交通管理部门应当积极履行职责，进行事故调查后应当在法定期限内制作完成交通事故认定书，并送达当事人。

52. 交通事故认定书应包含哪些内容?

案例背景

小静于2019年11月拿到驾照，因为平常开车比较少，所以她对开车一直有种恐惧感。2020年4月3日，小静准备开车去上班，当时正值早高峰期，车辆非常多。到了要转弯的时候，小静非常紧张，由于操作失误，和另一辆转弯的车发生了剐蹭。由于第一次经历交通事故，小静非常不安，马上给交警打了电话。交警到现场后拍了几张照片，见小静和另一位车主已经达成和解，于是随手在工作纸上写了一张小静负全责的交通事故认定书，在未写明事情经过等事实的情况下就盖上公章，并当场交给小静。

学法有疑

交警能否在交通事故认定书中只写明双方的责任承担?

法律讲堂

交通管理部门除了应当在法律规定的期限内制作交通事故认定书之外，其内容也应当符合法律规定。《道路交通安全法》第七十三条规定，交通事故认定书应当载明交通事故的基本事实、成因和当事人的责任，并送达当事人。在此基础上，《道路交通事故处理程序规定》第六十四条给出了更详细的标准，即道路交通事故认定书应载明的内容包括：交通事故当事人、车辆、道路和交通环境等基本情况；交通事故发生经过；交通事故的证据及事故形成原因分析；当事人导致交通事故的过错及责任或者意外原因以及作出道路交通事故认定的公安机关交通管理部门名称和日期。交通事故认定书应当由交通警察签名或者盖章，加盖公安机关交通管理部门道路交通事故处理专用章。因此在本案中，尽管小静已经和对方当事人就交通事故达成和解，该交警也应在认定书中载明法律规定的全部内容。

法律条文

《中华人民共和国道路交通安全法》

第七十三条 公安机关交通管理部门应当根据交通事故现场勘验、检查、调查情况和有关的检验、鉴定结论，及时制作交通事故认定书，作为处理交通事故的证据。交通事故认定书应当载明交通事故的基本事实、成因和当事人的责任，并送达当事人。

《道路交通事故处理程序规定》

第六十四条 道路交通事故认定书应当载明以下内容：

（一）道路交通事故当事人、车辆、道路和交通环境等基本情况；

（二）道路交通事故发生经过；

（三）道路交通事故证据及事故形成原因分析；

（四）当事人导致道路交通事故的过错及责任或者意外原因；

（五）作出道路交通事故认定的公安机关交通管理部门名称和日期。

道路交通事故认定书应当由交通警察签名或者盖章，加盖公安机关交通管理部门道路交通事故处理专用章。

一句话说法

公安交管部门出具的交通事故认定书是处理交通事故的证据，也是当事人就民事损害赔偿问题向法院提交的重要证据。因此，交管部门应当认真对待，写全法律明确规定的内容。

53. 应按照怎样的标准确定交通事故的责任？

案例背景

2019年6月12日，在河南省某市A大街和B大道交叉口处，刘某驾驶一辆小轿车从A大街由东向西行驶，由于当晚刘某的公司有个重要的客户过来考察，他很着急，所以车速非常快。到了交叉路口处时，驾驶小轿车的林某由于赶着回家，无视红灯亮起，加大油门快速穿过路口，和刘某的车撞到一起，林某当场死亡。后来交警在处理事故时，依照法律规定作出交通事故认定书，认定刘某和林某负事故的同等责任。

学法有疑

本案中的交警应当按照什么标准作出交通事故认定书？

法律讲堂

公安交通管理部门在进行责任认定时，实际上是对造成交通事故的具体因果关系进行分析和对造成交通事故原因进行确认，所以应当在调查事实的基础上进行认定。《道路交通安全法实施条例》第九十一条规定：“公安机关交通管理部门应当根据交通事故当事人的行为对发生交通事故所起的作用以及过错的严重程度，确定当事人的责任。”本案中，刘某存在醉驾且超速行驶的情形，而林某因着急回家，闯红灯快速驶过路口，双方均车速过快，避让不及而猛烈相撞，所以刘某和林某对本次交通事故的发生都具有过错。根据《道路交通事故处理程序规定》第六十条的规定，因两方或者两方以上当事人的过错发生道路交通事故的，根据其行为对事故发生的作用以及过错的严重程度，分别承担主要责任、同等责任和次要责任。所以本案中的交警根据双方过错来划分责任承担符合法律规定。

法律条文

《道路交通事故处理程序规定》

第六十条 公安机关交通管理部门应当根据当事人的行为对发生道路交通事故所起的作用以及过错的严重程度，确定当事人的责任。

（一）因一方当事人的过错导致道路交通事故的，承担全部责任；

（二）因两方或者两方以上当事人的过错发生道路交通事故的，根据其行为对事故发生的作用以及过错的严重程度，分别承担主要责任、同等责任和次要责任；

（三）各方均无导致道路交通事故的过错，属于交通意外事故的，各方均无责任。

一方当事人故意造成道路交通事故的，他方无责任。

《中华人民共和国道路交通安全法实施条例》

第九十一条 公安机关交通管理部门应当根据交通事故当事人

的行为对发生交通事故所起的作用以及过错的严重程度，确定当事人的责任。

在交通事故的责任认定方面，应当在调查事实的基础上，确定各方当事人的行为在交通事故中的作用和过错的严重程度，并以此为依据，来确定双方当事人应当承担的责任，做到不偏不倚，不枉不纵。

54. 交通事故尚未侦破时，交通部门能否出具交通事故认定书？

案例背景

张某是四川省某工厂的装卸工，是该企业的老员工。2019 年 10 月 27 日，张某按照上级的指示，驾驶一辆大货车将一批货物送往临县，车上除了司机张某之外还有其他 4 名职工。为了能在天黑之前返回工厂，张某一直在超速行驶。在经过某十字路口时，张某驾驶的货车把前方逆向驾驶摩托车的丁某连人带车撞出 20 多米，致使丁某重伤死亡。张某眼看发生了车祸，内心非常害怕，为了逃避法律追究，继续驾车行驶，并在当晚买了一张机票逃至外地，致使该案一直未被侦破。后来经过受害人家属的申请，当地交通部门出具了一份张某全责的交通事故认定书。

学法有疑

肇事者逃逸致使交通事故尚未侦破的，交通部门有权出具交通事故认定书吗？

法律讲堂

近几年来，驾驶人交通肇事逃逸的案例非常多，若不能找到肇事者，则交通事故很难被侦破，受害人的权利也将处于无法确定的状态。为了保障受害人的合法权益，我国相关法律法规赋予在逃逸交通事故尚未侦破时受害方可以请求交警部门出具事故认定书的权利。根据我国《道路交通事故处理程序规定》第六十六条第一款的规定，在逃逸交通事故尚未侦破的情况下，受害一方当事人要求出具道路交通事故认定书的，公安机关交通管理部门应当在接到当事人书面申请后十日内依法制作道路交通事故认定书，并送达受害方当事人。所以在本案中，在车祸中死亡丁某的家属有权向当地的交通部门提出申请，要求其出具交通事故认定书，故本案中的当地交通管理部门的做法是合法的。

法律条文

《道路交通事故处理程序规定》

第六十六条 交通肇事逃逸案件尚未侦破，受害一方当事人要求出具道路交通事故认定书的，公安机关交通管理部门应当在接到当事人书面申请后十日内，根据本规定第六十一条确定各方当事人责任，制作道路交通事故认定书，并送达受害方当事人。道路交通事故认定书应当载明事故发生的时间、地点、受害人情况及调查得到的事实，以及受害方当事人的责任。

交通肇事逃逸案件侦破后，已经按照前款规定制作道路交通事故认定书的，应当按照本规定第六十一条重新确定责任，制作道路交通事故认定书，分别送达当事人。重新制作的道路交通事故认定书除应当载明本规定第六十四条规定的内容外，还应当注明撤销原道路交通事故认定书。

驾驶人交通肇事后逃逸，致使警方很难侦破交通事故，这会使受害人的合法权益严重受损。因此，我国法律规定若受害一方当事人要求出具道路交通事故认定书的，交警部门应在收到书面请求后十日内就已查明的事实制作交通事故认定书，并送达受害方当事人。

55. 对交通事故认定书有异议的，当事人有权提起复核吗?

案例背景

一天，韩某带着自己的老婆和女儿到某饭店吃饭。晚上10点20分左右，韩某驾驶小轿车回家，路经某装有交通信号灯的路口时，正好绿灯亮起，韩某便缓慢通过路口。就在此时，一个驾驶摩托车的小伙车速很快地从右边冲过来。由于灯光昏暗，该小伙躲避不及，撞到了韩某的车上，导致其右腿骨折，韩某的车受损。后来交警依法作出交通事故认定书，韩某接到认定书后发现自己被认定对事故负全责，他非常不服气，认为自己在绿灯路口直行不超过30千米每小时，明明是对方超速闯红灯导致交通事故发生。

学法有疑

本案中的韩某有权通过申请复核维护自己的合法权益吗?

法律讲堂

发生交通事故后，交通警察在经过现场勘验、检查、调查等相关程序后，会制作出交通事故认定书，以此作为处理交通事故的证据，并及时送达当事人。应当注意的是，交通事故认定书的效力不是绝对的，当事人若对交通事故认定书不服的有权提出异议。我国《道路交通事故处理程序规定》第七十一条规定："当事人对道路交通事故认定或者出具道路交通事故证明有异议的，可以自道路交通事故认定书或者道路交通事故证明送达之日起三日内提出书面复核申请。当事人逾期提交复核申请的，不予受理，并书面通知申请人。复核申请应当载明复核请求及其理由和主要证据。同一事故的复核以一次为限。"本案中，韩某晚上驾车到绿灯亮起的十字路口时，以每小时30千米的速度缓慢通过，突遇右边驾驶摩托车的小伙超速闯红灯撞到自己的车，交警却在交通事故认定书中认定韩某为全责，有失公允，为了保障自己的合法权益，韩某应自道路交通事故认定书送达之日起三日内可以向上一级公安机关的交通管理部门提出书面复核申请。

法律条文

《道路交通事故处理程序规定》

第七十一条 当事人对道路交通事故认定或者出具道路交通事故证明有异议的，可以自道路交通事故认定书或者道路交通事故证明送达之日起三日内提出书面复核申请。当事人逾期提交复核申请的，不予受理，并书面通知申请人。

复核申请应当载明复核请求及其理由和主要证据。同一事故的复核以一次为限。

交警在作出交通事故认定书时，应当按照法律规定的标准来划分责任承担。如果一方当事人有充分的理由和证据怀疑交通事故认定书的责任认定，有权利要求上一级交管部门或人民法院予以变更或者撤销。

56. 法院在判案时能否推翻交通事故认定书?

案例背景

2019年国庆黄金周时，刘某决定带女朋友到当地的某风景区度假。由于车辆较多，刘某开车非常谨慎，到了一个下坡点，飞驰刘某缓慢行驶，眼看快到平地时，一辆白色小车飞驰而来。由于坡路较窄，刘某避让不及，两车相撞，致使白车车主蓝某受伤。交警最后作出交通事故认定书，认为刘某负事故的主要责任，白车车主蓝某负次要责任。后来双方因具体的赔偿金额问题发生了争议，诉至法院。在审理的过程中，刘某提出相关证据证明，此交通事故认定书是由白车车主的亲舅舅作出的，且本次事故中上坡的白车应当礼让下坡的车，但白车行驶过快从而避让不及，因此白车应负事故的主要责任。法院最终认可了刘某的主张，并作出判决。

学法有疑

法院判案时能否推翻交通事故认定书?

法律讲堂

交通事故认定书是人民法院定罪量刑和确定损害赔偿的一个重要证据。根据其所载明的内容来看，具有书证的特性；同时因为其是公安机关制作的，故应属于公文书证，具有较高的证明效力。实践中，很多人会认为交通事故认定书具有行政法上的强制效力，如果不按照其所规定的内容来承担责任是一种违法行为。其实不然，《最高人民法院关于审理道路交通事故损害赔偿案件适用法律若干问题的解释》第二十七条规定：“公安机关交通管理部门制作的交通事故认定书，人民法院应依法审查并确认其相应的证明力，但有相反证据推翻的除外。”本案中，当刘某提供了充分的证据推翻了原交通事故认定书，法院在查明事实的基础上对此加以确认是合法的。

法律条文

《最高人民法院关于审理道路交通事故损害赔偿案件适用法律若干问题的解释》

第二十七条 公安机关交通管理部门制作的交通事故认定书，人民法院应依法审查并确认其相应的证明力，但有相反证据推翻的除外。

交通事故认定书在民事诉讼中仅具有证据上的效力，法院在审理过程中不仅要参考交通事故认定书上的责任划分，还应当综合双方当事人提供的证据，经过严密的分析后作出公正的判决。

57. 发生交通事故后一方当事人故意破坏现场的，应如何处理？

案例背景

蒋某上班时在一条偏僻的路上和李某的车相撞，她非常害怕，但李某下车后只是让她将车开到路边再进行协商，于是蒋某将车开到路边，并报了警。然而交警来了之后，李某一口咬定是蒋某的车撞到了自己的车。由于当时并未拍照就将车开到了路边，蒋某有理说不清，交警也无法弄清楚事故的真正成因。最终通过各种调查，多位路人向警察反映事故发生后李某趁蒋某倒车时将路上的刹车痕迹清理了。最终交警在交通事故责任认定书中载明李某应负事故的全责。

学法有疑

交警能否因当事人故意毁灭证据而要求李某承担全部责任呢？

法律讲堂

交通事故发生后，有的当事人为了逃避应负的责任而出逃，或者故意破坏、伪造交通事故现场，制造现场假象，毁灭可能对自己不利的证据，以此妄图干扰办案人员的侦破工作。我国《道路交通安全法实施条例》第九十二条明确规定："发生交通事故后当事人逃逸的，逃逸的当事人承担全部责任。但是，有证据证明对方当事人也有过错的，可以减轻责任。当事人故意破坏、伪造现场、毁灭证据的，承担全部责任。"本案中，警方经过调查发现李某有故意破坏现场并毁灭证据的行为，所以交警判定李某承担全责符合法律规定。

法律条文

《中华人民共和国道路交通安全法实施条例》

第九十二条 发生交通事故后当事人逃逸的，逃逸的当事人承担全部责任。但是，有证据证明对方当事人也有过错的，可以减轻责任。

当事人故意破坏、伪造现场、毁灭证据的，承担全部责任。

发生交通事故后，如果当事人故意破坏、伪造现场、毁灭证据的，可能会被认定承担全部的责任。因此，一定不能为了逃避责任而鲁莽行事。同时，也要提醒广大司机朋友在发生交通事故后为防止一方破坏现场，要注意收集车祸现场的证据，及时拍照。

58. 驾驶员交通肇事后逃逸的，应当承担全部责任吗?

案例背景

老李、小李父子是某村贩卖水果的小贩。某日，老李带着儿子一大早就到当地的县城去售卖水果，一直忙到晚上10点半才收工。因为当天晚上下起了毛毛细雨，小李心疼父亲便让其在敞篷三轮车上休息，自己开车回家。雨越下越大，着急回家的小李便以最快的速度开始往回赶，突然间只听“咚”的一声，三轮车将一个黑影撞倒在地。当时父子俩都吓坏了，知道撞伤了人，本来想报警，但转念一想此处路途偏僻又没有目击者，便逃离了现场，致使被撞者死亡。后来经过公安机关立案侦查，小李很快就被查出，交警部门认定小李肇事逃逸，负事故的全部责任。

学法有疑

小李作为交通肇事逃逸的当事人是否需要承担全部责任?

法律讲堂

交通事故发生后，当事人为了逃避法律的追究驾驶车辆或者遗弃车辆逃离交通事故现场，这会严重影响正常的道路交通安全和社会秩序，被害人很可能因得不到及时的救助而死亡或者伤残，因此逃逸是一种非常严重的违法行为。我国《道路交通安全法实施条例》第九十二条第一款明确规定:“发生交通事故后当事人逃逸的，逃逸的当事人承担全部责任。但是，有证据证明对方当事人也有过错的，可以减轻责任。”也就是说通常情况下，除了有证据证明受害人有过错可以减轻责任之外，一般应认定肇事逃逸者承担全部责任。本案中，小李在驾车时车速过快，撞伤被害人，为了逃避法律责任，迅速逃离现场，致使被害人因得不到及时救治而死亡，应当承担事故的全部责任。

法律条文

《中华人民共和国道路交通安全法实施条例》

第九十二条 发生交通事故后当事人逃逸的，逃逸的当事人承担全部责任。但是，有证据证明对方当事人也有过错的，可以减轻责任。

当事人故意破坏、伪造现场、毁灭证据的，承担全部责任。

一句话说法

肇事逃逸行为会耽误受害人得到及时的救助，使受害人的伤情更严重。根据我国相关法律规定，一般情况下，逃逸当事人承担全部责任；但有证据证明对方当事人有过错的，可以减轻责任。

— 第 6 章 道路交通事故调解程序 —

59. 交通事故的调解应当遵守哪些程序？

案例背景

一天，白某骑自行车到当地的菜市场去买菜，行驶到某学校路段时与金某驾驶的小型普通客车发生碰撞，白某倒地受伤，随后被送至当地的人民医院进行治疗。交警部门经过现场勘查，最终作出交通事故认定书，认定由金某承担事故的全部责任。由于白某本身受伤轻微，为了避免双方今后因医药费等问题产生纠纷，金某向交通部门提出了调解申请。因白某自己本身的伤不严重，且调解过程比较和气，便同意由该部门针对此事故进行调解。

学法有疑

交通警察在主持调解的过程中应当遵守哪些程序呢？

法律讲堂

发生交通事故后，双方当事人一致同意的，可以申请交通管理部门对纠纷进行调解。与诉讼相比较，调解具有及时高效、方便灵活的特点，双方通过协商，在调解过程中意见达成一致，便于纠纷的和平解决。但应当注意的是，交通管理部门在调解时必须遵守一定的程序。根据我国《道路交通事故处理程序规定》第八十七条、第八十八条的规定，交通事故损害赔偿调解应当在交管部门相关负责人员的主持下进行。且依照法律的相关规定，调解开始前，公安机关交通管理部门应当与当事人约定调解的时间、地点，并于调解时间三日前通知当事人。口头通知的，应当记入调解记录。若调解参加人因故不能按期参加调解，其应在预定调解时间一日前通知承办的交通警察，请求变更调解时间。该法第九十一条明确了调解的程序：（一）告知各方当事人权利、义务；（二）听取各方当事人的请求及理由；（三）根据道路交通事故认定书认定的事实以及《中华人民共和国道路交通安全法》第七十六条的规定，确定当事人承担的损害赔偿责任；（四）计算损害赔偿的数额，确定各方当事人承担的比例，人身损害赔偿的标准按照《中华人民共和国侵权责任法》[①]《最高人民法院关于审理人身损害赔偿案件适用法律若干问题的解释》《最高人民法院关于审理道路交通事故损害赔偿案件适用法律若干问题的解释》等有关规定执行，财产损失的修复费用、折价赔偿费用按照实际价值或者评估机构的评估结论计算；（五）确定赔偿履行方式及期限。本案中，交管部门在收到损害赔偿纠纷调解的

---

① 现已吸收进入《中华人民共和国民法典》，成为侵权责任编。

申请后，就应当与白某、金某确定调解时间。调解过程中，交管部门应告知白某与金某所享有的权利与应履行的义务、听取白某与金某的请求及理由、依法依事实确定各方的损害赔偿责任、依法计算损害赔偿的数额并确定各方当事人承担损害赔偿责任的比例、赔偿履行方式和期限等。当事人达成调解协议的，应当现场制作并由各方当事人签署调解书。如果经公安机关交通管理部门调解，白某与金某未达成协议或者调解书生效后不履行的，可以向人民法院提起民事诉讼。

法律条文

《道路交通事故处理程序规定》

第八十七条 公安机关交通管理部门应当按照合法、公正、自愿、及时的原则进行道路交通事故损害赔偿调解。

道路交通事故损害赔偿调解应当公开进行，但当事人申请不予公开的除外。

第八十八条 公安机关交通管理部门应当与当事人约定调解的时间、地点，并于调解时间三日前通知当事人。口头通知的，应当记入调解记录。

调解参加人因故不能按期参加调解的，应当在预定调解时间一日前通知承办的交通警察，请求变更调解时间。

第九十一条 交通警察调解道路交通事故损害赔偿，按照下列程序实施：

（一）告知各方当事人权利、义务；

（二）听取各方当事人的请求及理由；

（三）根据道路交通事故认定书认定的事实以及《中华人民共和国道路交通安全法》第七十六条的规定，确定当事人承担的损害赔偿责任；

（四）计算损害赔偿的数额，确定各方当事人承担的比例，人身损害赔偿的标准按照《中华人民共和国侵权责任法》[①]《最高人民法

① 现已吸收进入《中华人民共和国民法典》，成为侵权责任编。

院关于审理人身损害赔偿案件适用法律若干问题的解释》《最高人民法院关于审理道路交通事故损害赔偿案件适用法律若干问题的解释》等有关规定执行，财产损失的修复费用、折价赔偿费用按照实际价值或者评估机构的评估结论计算；

（五）确定赔偿履行方式及期限。

通过调解的方式解决交通事故中的损害赔偿纠纷更加简单、快捷，法律规定当事人有权向交通管理部门申请调解。但为了保障调解的公平，交通管理部门在主持调解时应当遵循法定的程序，同时调解书应当载明法律规定的内容。

60. 当事人不愿调解的，交通管理部门能否强制进行调解？

案例背景

2019年8月21日，湖北省A市的焦某将一批货物运送到B市。途径某县，焦某在驾车横穿公路时，将路旁经过的张某撞倒，致使张某当场死亡。事故发生后，交警立即赶到现场进行了调查，经过检验，最终认定本次事故的发生双方均有过错；焦某未能尽到仔细观察路况的义务，而张某横穿马路也是导致本次事故发生的重要原因。但对于最终赔偿数额，双方一直无法达成协议。当地的交警队为了及时了结此案，在双方均明确表示拒绝调解的情况下，依然安排调解程序，要求双方在规定的日期到办公场所进行调解。

学法有疑

交警大队能否违背当事人的意愿强行调解呢？

法律讲堂

交通事故调解的作用主要是防止矛盾纠纷的扩大，进而维护双方当事人的权益。我国《道路交通事故处理程序规定》第二十五条规定：“当事人共同请求调解的，交通警察应当当场进行调解，并在道路交通事故认定书上记录调解结果，由当事人签名，送达当事人。”同时该法第八十六条第一款规定：“当事人申请公安机关交通管理部门调解的，应当在收到道路交通事故认定书、道路交通事故证明或者上一级公安机关交通管理部门维持原道路交通事故认定的复核结论之日起十日内一致书面申请。”从上述内容中可以看出，交警在主持调解时应当遵循自愿、合法的原则，调解必须取得双方当事人的同意，否则调解是无效的。所以本案中交警强制双方当事人参加调解的行为是违反法律规定的。

法律条文

《道路交通事故处理程序规定》

第二十五条 当事人共同请求调解的，交通警察应当当场进行调解，并在道路交通事故认定书上记录调解结果，由当事人签名，送达当事人。

第八十六条 当事人申请公安机关交通管理部门调解的，应当在收到道路交通事故认定书、道路交通事故证明或者上一级公安机关交通管理部门维持原道路交通事故认定的复核结论之日起十日内一致书面申请。

当事人申请公安机关交通管理部门调解，调解未达成协议的，当事人可以依法向人民法院提起民事诉讼，或者申请人民调解委员会进行调解。

一句话说法

交通事故损害赔偿的调解须在双方当事人同意的基础上进行。当事人有一方或双方坚持不同意调解的或者拒不接受调解方案的，交警队应尊重自愿原则，不得变相控制、强迫当事人进行调解。

61. 交通管理部门能否因为一方当事人起诉而终止调解程序呢?

案例背景

张某是河南省的农民。临近春节期间，张某搭乘同村李某的电动三轮车到集市上采购过年物品。由于刚下了一场雪，路面非常湿滑，当电动三轮车行驶到一座小桥上时，一辆小轿车因车速过快发生侧滑，撞倒了李某的车，导致张某一人受伤。经过医院的检查，张某的腰椎骨折。交警很快下达了事故责任认定书，认定小轿车车主为全责，但三方就如何具体承担张某的损害赔偿费用问题产生了激烈的争执。交警经过三方同意后，决定进行调解。调解过程中三方当事人依然互不相让，于是张某向当地法院提交了诉状，交管部门决定终止调解。

学法有疑

交通管理部门能否因为张某起诉而终止调解程序呢？

法律讲堂

交通事故发生之后，公安机关的交通管理部门可以就损害赔偿相关事项主持调解，但调解不是解决事故纠纷的唯一途径，当事人依然有权提起民事诉讼。我国《道路交通安全法实施条例》第九十六条规定：“对交通事故损害赔偿的争议，当事人向人民法院提起民事诉讼的，公安机关交通管理部门不再受理调解申请。公安机关交通管理部门调解期间，当事人向人民法院提起民事诉讼的，调解终止。”即若当事人在调解的过程中向法院提起诉讼，则交管部门应当停止正在进行的调解程序，由法院受理后以判决的方式解决纠纷。这是节省司法资源、保障当事人合法权益的必然要求。本案中，张某在调解过程中，向法院提起了诉讼，此时交管部门应当终止调解程序，由法院通过审判解决纠纷。

法律条文

《中华人民共和国道路交通安全法实施条例》

第九十六条 对交通事故损害赔偿的争议，当事人向人民法院提起民事诉讼的，公安机关交通管理部门不再受理调解申请。

公安机关交通管理部门调解期间，当事人向人民法院提起民事诉讼的，调解终止。

在交管部门对交通事故的损害赔偿纠纷进行调解时，当事人也

可以向法院提起诉讼。但需要注意的是，此时交管部门应当根据法律规定终止调解程序，不再对该纠纷进行介入，由法院通过审判作出最终判决。

62. 当事人可以申请强制执行在交通事故调解中达成的赔偿协议吗?

案例背景

李某在当地某化工厂上班，一次李某上完夜班便骑着电动自行车回家。在回家途中，李某被闯红灯的卢某撞伤。卢某内心愧疚，便把李某送进了医院。由于医治及时，李某不久便痊愈出院了，但是花费了不少医疗费。李某和卢某希望通过调解解决赔偿等相关事项。主办此案的交通警察主持了双方当事人的调解，经过调解双方达成一致意见，共同签订了调解书。但是在签订完调解书之后，卢某觉得自己需要支付的费用太多，因此他没有及时给李某补偿费。在调解书约定的支付期限过后，卢某依旧没向李某支付过任何费用。李某很气愤，想申请强制执行自己与李某达成的赔偿协议。

学法有疑

李某可以申请强制执行在交通事故调解中达成的赔偿协议吗?

法律讲堂

《道路交通安全法》第七十四条第二款规定："经公安机关交通管理部门调解，当事人未达成协议或者调解书生效后不履行的，当事人可以向人民法院提起民事诉讼。"由此可见，达成调解协议后，该调解协议并不具有法律意义上的强制执行力，一方当事人不履行的，对方当事人可以向人民法院起诉，但不能直接申请法院强制执行，一般情况下，该调解协议可以作为诉讼中的重要证据。本案中，卢某在和李某达成调解协议后，就应当在规定的履行时间内向李某支付赔偿金。卢某不支付时，李某可以向人民法院提起民事诉讼，但不能申请强制执行来让李某完成签订的赔偿协议。

法律条文

《中华人民共和国道路交通安全法》

第七十四条 对交通事故损害赔偿的争议，当事人可以请求公安机关交通管理部门调解，也可以直接向人民法院提起民事诉讼。

经公安机关交通管理部门调解，当事人未达成协议或者调解书生效后不履行的，当事人可以向人民法院提起民事诉讼。

对于在交警主持下达成的交通事故损害赔偿协议，双方当事人应当按照该协议履行相应的义务。若一方当事人不履行协议中约定的内容，则另一方有权直接向人民法院起诉。但应注意的是，当事人双方达成的调解协议不具有强制执行力，因此不能以此为依据直接向法院申请强制执行。

63. 公安机关在没有征得家属同意时，可以自行解剖死者遗体吗？

案例背景

王某的儿子小王今年考上大学，为了安全起见，开学时王某亲自送小王去上学。入学需要置办各种日用品，于是王某嘱咐小王，让他在宿舍先收拾行李，自己去超市给小王买东西。但是，小王并没有等到自己的父亲归来，而是听到自己父亲去世的噩耗。公安机关告诉小王，其父王某被刘某撞伤，刘某见状心生害怕便驾车逃逸了，王某由于抢救不及时而身亡。后来刘某被警方抓捕归案，刘某辩称王某是突然昏倒在马路中间，自己来不及刹车才将其撞倒，警方为了查证刘某所说是否属实决定解剖王某的遗体。

学法有疑

公安机关解剖王某的遗体需要征得王某家属的同意吗？

法律讲堂

发生交通事故后，处理受害者的遗体是一件非常重要的工作。遗体虽然丧失了生命特征，但是寄托着亲人深深的哀思，依然需要尊重。实践中，为了弄清楚交通事故发生的真实情况，需要对死者的遗体进行解剖。我国《道路交通事故处理程序规定》第五十二条规定："尸体检验不得在公众场合进行。为了确定死因需要解剖尸体的，应当征得死者家属同意。死者家属不同意解剖尸体的，经县级以上公安机关或者上一级公安机关交通管理部门负责人批准后，可以解剖尸体，并且通知死者家属到场，由其在解剖尸体通知书上签名。死者家属无正当理由拒不到场或者拒绝签名的，交通警察应当在解剖尸体通知书上注明。对身份不明的尸体，无法通知死者家属的，应当记录在案。”由此可知，一般情况下，解剖尸体需要征得死者家属同意，否则有关部门不得擅自进行。而且为了维护死者的尊严，不得公开进行尸体解剖工作。本案中，公安机关为了查明案件事实，需要解剖王某的尸体，必须征得王某家属的同意。当王某家属不同意解剖尸体时，经法定部门批准后，可以解剖尸体，但应当通知王某家属到场，并由其在解剖尸体通知书上签名。

法律条文

《道路交通事故处理程序规定》

第五十二条 尸体检验不得在公众场合进行。为了确定死因需要解剖尸体的，应当征得死者家属同意。死者家属不同意解剖尸体的，经县级以上公安机关或者上一级公安机关交通管理部门负责人批准，可以解剖尸体，并且通知死者家属到场，由其在解剖尸体通知书上签名。

死者家属无正当理由拒不到场或者拒绝签名的，交通警察应当在解剖尸体通知书上注明。对身份不明的尸体，无法通知死者家属的，应当记录在案。

死者的尸体解剖一般需要经过其家属的同意，这既是对死者的尊重，也是对死者家属的尊重。永远失去自己的亲人本来就是一件令人非常难过的事情，不能因为解剖亲人的遗体而对其造成二次伤害。

64. 因交通事故损害赔偿而进行调解的当事人包括哪些呢？

案例背景

刘女士刚取得驾照不久，总是小心翼翼地开车上路。一天下午，她开车去接放学的儿子，在经过一个十字路口时，一辆小轿车竟直冲刘女士的车开过来，刘女士见状赶紧踩刹车，这才没有造成人员伤亡。只是刘女士的车被剐花了，刘女士见状赶紧向交警报案。交警队在接到刘女士的报案后迅速赶来，进行调查勘验。经过调查取证后，交警队出具交通责任事故认定书，认定赵某应当承担全部责任。刘女士觉得这次交通事故只是剐花了车，没必要大题小做，想与对方车主就赔偿问题调解了事。

学法有疑

因交通事故损害赔偿而进行调解的当事人包括哪些呢？

法律讲堂

发生交通事故后，很多人会就赔偿问题选择调解了事，那么参加调解的当事人都包括哪些呢？根据我国《道路交通事故处理程序规定》第八十九条的规定，参加交通事故损害赔偿调解的人员主要有以下几类：（一）双方当事人及其代理人；（二）事故车辆的所有人或管理人；（三）承保机动车保险的保险公司人员；（四）交管部门认为有必要参加的其他人员。若应参加调解的人员因故不能到场参加调解，委托他人代理相关事宜的，委托代理人应当出具由委托人签名或者盖章的授权委托书，该授权委托书应当载明委托事项和权限。除此之外，一般情况下，参加调解时当事人一方不得超过三人。由此可知，在本案中，刘女士想与对方就赔偿问题调解了事，那么参加调解的相关人员应当包括当事人刘女士、赵某，如果他们委托了代理人，其代理人也可以参加调解，但是参加调解时一方不得超过三人。

法律条文

《道路交通事故处理程序规定》

第八十九条 参加损害赔偿调解的人员包括：

（一）道路交通事故当事人及其代理人；

（二）道路交通事故车辆所有人或者管理人；

（三）承保机动车保险的保险公司人员；

（四）公安机关交通管理部门认为有必要参加的其他人员。

委托代理人应当出具由委托人签名或者盖章的授权委托书。授权委托书应当载明委托事项和权限。

参加损害赔偿调解的人员每方不得超过三人。

根据我国法律规定，在交通事故损害赔偿的调解中，参加主体一般包括发生交通事故的双方当事人——可以是车辆的所有人，也可以是车辆的管理人，或者双方的代理人等，但是参加调解的任何一方当事人不得超过三人。

65. 公安机关交通管理部门应终止调解的情况有哪些？

案例背景

小赵是一名快递员，每天穿梭在城市的各个角落，负责安全顺利地送达快递。某天小赵在送快递的途中经过一条相对偏僻的道路，由于车速较快，刹车不及时，剐蹭到停在路边的一辆私家车，车主王先生随即走出车门并报警。交警对这起事故进行处理，认定小赵应该对这起事故的发生负全责。后双方当事人同意由交警部门介入，对赔偿数额进行调解。但是调解当天，王先生没有参加调解，而是直接向法院提起诉讼，要求小赵对他进行赔偿。调解也随即终止。

学法有疑

公安机关交通管理部门在什么情况下应当终止调解？

法律讲堂

交警主持调解必须建立在双方都同意的基础上，若出现法律规定的情形，应当立即终止调解。根据我国《道路交通事故处理程序规定》第九十三条和第九十四条的规定可知，公安机关交通管理部门终止调解的情况主要有以下几种：当事人提起诉讼；一方当事人无正当理由不参加调解；一方当事人在调解过程中退出调解；经过调解未达成调解协议。本案中，因王某作为一方当事人，在调解的过程中拒绝参加调解，并向法院提起诉讼的行为属于上述法定的终止调解的情形。

法律条文

《道路交通事故处理程序规定》

第九十三条 经调解达成协议的，公安机关交通管理部门应当当场制作道路交通事故损害赔偿调解书，由各方当事人签字，分别送达各方当事人。

调解书应当载明以下内容：

（一）调解依据；

（二）道路交通事故认定书认定的基本事实和损失情况；

（三）损害赔偿的项目和数额；

（四）各方的损害赔偿责任及比例；

（五）赔偿履行方式和期限；

（六）调解日期。

经调解各方当事人未达成协议的，公安机关交通管理部门应当终止调解，制作道路交通事故损害赔偿调解终结书，送达各方当事人。

第九十四条 有下列情形之一的，公安机关交通管理部门应当终止调解，并记录在案：

（一）调解期间有一方当事人向人民法院提起民事诉讼的；

（二）一方当事人无正当理由不参加调解的；

（三）一方当事人调解过程中退出调解的。

发生交通事故后，双方可以就赔偿金额进行调解。调解以双方自愿为基础，若在调解期间有一方当事人不参加调解或退出调解或向法院提起民事诉讼的，公安机关交通管理部门就应当终止调解。

第7章 道路交通事故赔偿

66. 当事人对交通管理部门的检查、鉴定结论有异议，应怎么办？

案例背景

郑某家是经营面粉生意的，批发各种面粉并应顾客的要求送货上门。一天，郑某应顾客的要求，去郊区送货。郑某将面粉装好车后，就前往郊区送货。早上的时候路上人很少，郑某按照正常速度行驶，突然郑某前方的车停了下来，郑某躲闪不及，车撞到了前方的车尾。交警赶到事故现场，进行事故处理，并留下了郑某和另一个车主的个人信息。事故发生几天后，郑某接到交警大队的事故鉴定结论，鉴定结论显示，郑某应负20%的责任，郑某不服，认为自己不应承担任何责任。

学法有疑

在这种情况下，郑某应该怎么办呢？

法律讲堂

根据我国《道路交通事故处理程序规定》第五十六条的规定，当事人收到检验报告、鉴定意见时，如果对检验报告、鉴定意见存在异议，应当在公安机关交通管理部门送达之日起三日内书面申请重新检验、鉴定，重新检验、鉴定需要经县级公安机关交通管理部门负责人批准。因此依照上述的相关法律，郑某对鉴定结果有异议的，应当自收到鉴定结果的三日内书面申请重新检验、鉴定，这是法律赋予郑某的权利。而为了防止当事人滥用权利，我国法律明确规定，申请重新检验、鉴定仅限一次。

法律条文

《道路交通事故处理程序规定》

第五十六条 当事人对检验报告、鉴定意见有异议，申请重新检验、鉴定的，应当自公安机关交通管理部门送达之日起三日内提出书面申请，经县级以上公安机关交通管理部门负责人批准，原办案单位应当重新委托检验、鉴定。检验报告、鉴定意见不具有本规定第五十五条第一款情形的，经县级以上公安机关交通管理部门负责人批准，由原办案单位作出不准予重新检验、鉴定的决定，并在作出决定之日起三日内书面通知申请人。

同一交通事故的同一检验、鉴定事项，重新检验、鉴定以一次为限。

依照相关法律规定，当事人对交通管理部门的鉴定结果有异议的，法律赋予其权利，可以申请重新检验、鉴定。但是为了防止当事人滥用该项权利，法律规定当事人只能申请一次重新检验、鉴定。

67. 机动车所有人对损害的发生有过错的法定情形包括哪些？

案例背景

李某常年跑运输业务，以前总是租用他人的货车。最近几年，李某挣了一些钱，于是与家人协商后，买了一辆货车。长途运输路途遥远，有时候需要在路上好几天，自己一个人开车既累又很危险，于是李某雇用王某为其开车，每个月固定给王某5000元钱。一次他们去山西运送货物，王某感觉刹车不好使，便建议李某找修车厂维修该货车。李某嫌修车耽误时间，还要花费一定的修车费用，于是拒绝了王某的要求。过了几天，当王某开车行驶到一个闹市区时，由于刹车失灵，与迎面而来的车相撞，造成对方车辆毁损，司机受重伤。

学法有疑

在这种情况下，李某作为车辆所有人，对于损害的发生有过错吗？需要承担责任吗？

法律讲堂

本案涉及的法律问题是机动车所有人在何种情况下对过错的发生承担法律责任。《最高人民法院关于审理道路交通事故损害赔偿案件适用法律若干问题的解释》对这个问题进行了明确的规定。根据该解释第一条的规定，机动车发生交通事故造成损害，机动车所有人或者管理人有下列情形之一，人民法院应当认定其对损害的发生有过错，并适用《民法典》第一千二百零九条的规定确定其相应的赔偿责任：因租赁、借用等情形机动车所有人、管理人与使用人不是同一人时，发生交通事故造成损害，属于该机动车一方责任的，由机动车使用人承担赔偿责任；机动车所有人、管理人对损害的发生有过错的，承担相应的赔偿责任。因此在本案中，李某属于上述规定的法律情形，明知自己的机动车存在刹车方面的故障，却不及时进行维修，并因此造成交通事故。因此李某对于损害的发生有过错，应依法承担相应的赔偿责任。

法律条文

《中华人民共和国民法典》

第一千二百零九条 因租赁、借用等情形机动车所有人、管理人与使用人不是同一人时，发生交通事故造成损害，属于该机动车一方责任的，由机动车使用人承担赔偿责任；机动车所有人、管理人对损害的发生有过错的，承担相应的赔偿责任。

《最高人民法院关于审理道路交通事故损害赔偿案件适用法律若干问题的解释》

第一条 机动车发生交通事故造成损害，机动车所有人或者管理人有下列情形之一，人民法院应当认定其对损害的发生有过错，并适用侵权责任法第四十九条①的规定确定其相应的赔偿责任：

（一）知道或者应当知道机动车存在缺陷，且该缺陷是交通事故

① 已吸收进入《民法典》，现成为《民法典》第一千二百零九条。

发生原因之一的；

（二）知道或者应当知道驾驶人无驾驶资格或者未取得相应驾驶资格的；

（三）知道或者应当知道驾驶人因饮酒、服用国家管制的精神药品或者麻醉药品，或者患有妨碍安全驾驶机动车的疾病等依法不能驾驶机动车的；

（四）其它应当认定机动车所有人或者管理人有过错的。

第二条 未经允许驾驶他人机动车发生交通事故造成损害，当事人依照侵权责任法第四十九条①的规定请求由机动车驾驶人承担赔偿责任的，人民法院应予支持。机动车所有人或者管理人有过错的，承担相应的赔偿责任，但具有侵权责任法第五十二条②规定情形的除外。

车辆的所有人或管理人应谨慎安全地驾驶车辆。当机动车所有人知道机动车存在缺陷时应及时对车辆进行修理。否则当机动车的该缺陷是造成交通事故的原因时，机动车所有人应承担相应的赔偿责任。

---

① 已吸收进入《民法典》，现成为《民法典》第一千二百零九条。

② 已吸收进入《民法典》，现成为《民法典》第一千二百一十五条。

68. 从事道路运输经营机动车的投保义务人与侵权人不一致时，应如何分配责任？

案例背景

郑某是一家出租车公司的职员，作为一名老司机，郑某能准确判断出什么时间、什么地点可以接到客人。因此与其他出租车司机相比，郑某总是能够挣更多的钱。在一个周六的上午，郑某知道某高中的学生放假回家，因此可能会有很多学生需要打车，所以郑某将车开到高中学校的门口，等待学生下课。除了郑某外，学校门口还有许多出租车、私家车等。不一会儿，学生放学了，许多学生蜂拥而出，着急打车回家。几个同学上了郑某的车，由于人多，道路十分拥挤，郑某在倒车离开的时候，没有发现后面的同学肖某，将肖某撞倒在地，并造成重伤。肖某的家属要求郑某承担医疗费用等，但是郑某迟迟不肯出钱。

学法有疑

在这种情况下，肖某的家属可以怎么做？

法律讲堂

根据《最高人民法院关于审理道路交通事故损害赔偿案件适用法律若干问题的解释》第十九条第二款的规定，从事交通运输经营的机动车发生事故，在投保义务人与侵权人不一致的情形下，如果权利人要求由二者在交强险责任限额范围内承担连带责任，法院应当支持。本案中，郑某作为出租车司机，是实际侵权人，其所在的出租车公司，应当是出租车的投保义务人。在郑某不支付医疗费用的情况下，因郑某是出租车公司的职员，肖某的家属可以通过诉讼的方式，请求郑某所在的公司与郑某一同就肖某的损害承担连带责任。法院也应当支持肖某的诉讼请求。

法律条文

《最高人民法院关于审理道路交通事故损害赔偿案件适用法律若干问题的解释》

第十九条第二款　投保义务人和侵权人不是同一人，当事人请求投保义务人和侵权人在交强险责任限额范围内承担连带责任的，人民法院应予支持。

交通事故造成的损害可能是巨大的，为了更好地保护被害人的合法权益，法律规定当从事道路运输经营机动车的投保义务人与侵权人不一致时，交通事故中受损害的当事人可以请求投保义务人和侵权人在交强险责任限额范围内承担连带责任。

69. 机动车肇事致人死亡的，应承担哪些费用？

案例背景

魏某是一家公司的总经理，平日里开车上下班。一天魏某要与另一家公司谈合作事宜，双方已经约好时间和地点。为了给对方留下好印象，魏某想提早到达约定的地点，于是在闹市区加速行驶。当魏某看到红灯的时候他来不及刹车，将正在过马路的行人马某撞倒，并造成马某当场死亡。事后交通管理部门认定魏某全责，魏某也同意对马某的家属进行赔偿。可是双方对赔偿的数额和费用产生了争执。马某的家人要求魏某赔偿死亡赔偿金和丧葬费。魏某只同意赔偿死亡赔偿金，不同意赔偿丧葬费。双方对此各执己见，始终处于争执的状态。

学法有疑

依照我国相关法律的规定，魏某是否应该承担丧葬费呢？

法律讲堂

根据我国《民法典》及《最高人民法院关于审理道路交通事故损害赔偿案件适用法律若干问题的解释》第二十六条第二款的规定，可知在机动车肇事致人死亡的情况下，针对相关的费用如医疗费、丧葬费等赔偿，权利人可以要求侵权人赔偿，必要时相关权利人也可以要求机动车第三者责任强制保险的保险公司在交强险责任限额范围内赔偿。因此在本案中，马某家属的请求符合法律规定，其家属可以要求魏某承担丧葬费，在魏某拒不支付丧葬费的情况下，马某的家属可以通过诉讼的途径维护自身的合法权益。

法律条文

《中华人民共和国民法典》

第一千一百七十九条 侵害他人造成人身损害的，应当赔偿医疗费、护理费、交通费、营养费、住院伙食补助费等为治疗和康复支出的合理费用，以及因误工减少的收入。造成残疾的，还应当赔偿辅助器具费和残疾赔偿金；造成死亡的，还应当赔偿丧葬费和死亡赔偿金。

第一千一百八十一条 被侵权人死亡的，其近亲属有权请求侵权人承担侵权责任。被侵权人为组织，该组织分立、合并的，承继权利的组织有权请求侵权人承担侵权责任。

被侵权人死亡的，支付被侵权人医疗费、丧葬费等合理费用的人有权请求侵权人赔偿费用，但是侵权人已经支付该费用的除外。

《最高人民法院关于审理道路交通事故损害赔偿案件适用法律若干问题的解释》

第二十六条第二款 被侵权人因道路交通事故死亡，无近亲属或者近亲属不明，支付被侵权人医疗费、丧葬费等合理费用的单位或者个人，请求保险公司在交强险责任限额范围内予以赔偿的，人民法院应予支持。

一句话说法

因交通事故致他人死亡的，交通肇事者应赔偿的费用包括死亡赔偿金、丧葬费等费用。这些费用都是法律明文规定的，当交通肇事者拒绝承担上述费用时，受害者家属可以通过法律途径维护自己的合法权益。

70. 投保人允许的驾驶人驾驶机动车致使投保人遭受损害的，投保人可以请求保险公司进行赔偿吗？

案例背景

李某是一家公司的职工，他十分热心肠，喜欢帮助他人，平日里与同事相处得比较融洽，因此同事们有什么事情都喜欢找他帮忙。一天，同事吴某想周末借用李某的车，回老家一趟。李某很爽快地答应了吴某的请求，并将车借给了吴某。周末的时候吴某将李某的车开走了，并答应周日晚上将车送回。周日晚上9点钟左右，吴某打电话告诉李某，自己很快就到李某所在的小区。李某接完电话后，便下楼到小区门口等吴某。由于当时天色已晚，吴某开车行驶到李某家小区门口时，没有看到在门口等待的李某，不小心将李某撞伤。之后李某被送去医院治疗，花了一些医疗费用。李某要求承保自家车的保险公司在责任限额内予以赔偿。

学法有疑

李某作为投保人可以要求保险公司对自己进行赔偿吗？

法律讲堂

根据《最高人民法院关于审理道路交通事故损害赔偿案件适用法律若干问题的解释》第十七条的规定，针对这种情况权利人是可以要求承保该机动车交强险的保险公司在责任限额范围内予以赔偿的。但是，只有在损害发生时投保人不是本车上人员的情况下才能得到支持。在本案中，李某允许吴某开自己的车，在事故发生的时候，投保人没有在车上，因此保险公司应依照本条法律的相关规定，在责任限额范围内给予李某赔偿。

法律条文

《最高人民法院关于审理道路交通事故损害赔偿案件适用法律若干问题的解释》

第十七条 投保人允许的驾驶人驾驶机动车致使投保人遭受损害，当事人请求承保交强险的保险公司在责任限额范围内予以赔偿的，人民法院应予支持，但投保人为本车上人员的除外。

为了更好地保护投保人的合法权益，发挥交强险的社会责任，法律规定当投保人允许的驾驶人在驾驶机动车时致使投保人遭受损害的，投保人可以请求保险公司在责任限额范围内予以赔偿，保险公司应依照规定给予赔偿，但是投保人为本车上的人员除外。

71. 在高速路上发生的交通事故，高速管理单位是否要承担赔偿责任？

案例背景

小明家西边是一条高速公路。小明的父母经常叮嘱小明不要进入高速公路，称高速公路危险，小明总是点头答应。一天放学后，小明和小刚等同学玩起了捉迷藏。为了不让同学们找到他，小明想翻越高速公路的护栏杆，躲到高速公路的另一侧。当小明跑到高速公路的路边时，见到一块写着“禁止翻越护栏杆”的警示牌。可是小明认为现在高速公路上也没有什么车辆，自己不会有危险的，于是他大胆地翻越护栏杆。等小明刚翻越过去，他就被迎面过来的车辆撞倒，身受重伤。肇事司机依照相关的法律规定对小明进行了赔偿，小明的父母认为高速公路的管理单位也应对其进行赔偿。

学法有疑

本案中，高速公路的管理单位是否应该对小明进行赔偿呢？

法律讲堂

根据《最高人民法院关于审理道路交通事故损害赔偿案件适用法律若干问题的解释》第九条以及《民法典》第一千二百四十三条的规定可知，在高速公路发生事故后，如果高速路管理单位未尽到相应的义务，权利人请求承担相应责任的，人民法院应予以支持；如果事故是因行人、非机动车驾驶人进入高速公路引发并且造成自身的损害，公路管理单位已经尽到相应的责任，则对事故造成的损失不承担责任。本案中高速管理单位已经使用护栏杆防止行人翻越，并且也有明显的警示牌，告知行人禁止翻越，所以高速管理单位已经尽到自己相应的责任。在这种情况下，小明仍翻越护栏杆并造成交通事故使自身受伤，高速公路管理单位对事故造成的损失无须承担责任。

法律条文

《最高人民法院关于审理道路交通事故损害赔偿案件适用法律若干问题的解释》

第九条 因道路管理维护缺陷导致机动车发生交通事故造成损害，当事人请求道路管理者承担相应赔偿责任的，人民法院应予支持，但道路管理者能够证明已按照法律、法规、规章、国家标准、行业标准或者地方标准尽到安全防护、警示等管理维护义务的除外。

依法不得进入高速公路的车辆、行人，进入高速公路发生交通事故造成自身损害，当事人请求高速公路管理者承担赔偿责任的，适用侵权责任法第七十六条①的规定。

《中华人民共和国民法典》

第一千二百四十三条 未经许可进入高度危险活动区域或者高度危险物存放区域受到损害，管理人能够证明已经采取足够安全措施并尽到充分警示义务的，可以减轻或者不承担责任。

行人为了自身的生命安全应该遵守交通规则，不得擅自闯入高速公路。同时高速公路管理者对其管理的道路应尽到安全防护、警示等管理维护义务。如果高速公路管理者尽到相应的管理义务，对损害的发生可以减轻或者不承担责任。

① 已吸收进入《民法典》，现成为《民法典》第一千二百四十三条。

72. 擅自驾驶他人车辆造成交通事故的，机动车的所有人需要赔偿吗？

案例背景

孙某和梁某两人不仅是大学同学，而且是同一个寝室的室友。由于梁某在本地的一所大学里读书，梁某的父母为了梁某出行方便，给梁某买了一辆车，平日里，梁某开车上课。一天，孙某想开梁某的车出去兜风，梁某认为孙某的车技不成熟，怕发生事故，没有同意孙某的请求。孙某很气愤，认为梁某不够朋友。一天孙某趁梁某在宿舍午睡，偷拿梁某的车钥匙，开着梁某的车与朋友外出兜风。孙某刚刚取得驾驶证，对于开车并不熟练，再加上开车速度过快，在开车驶出学校门口的时候，不慎将一名同学撞倒。之后该名同学被送往医院进行救治，花了不少医疗费用。

学法有疑

该同学想进行索赔，依照我国相关法律的规定，其应该向谁进行索赔呢？

法律讲堂

根据《最高人民法院关于审理道路交通事故损害赔偿案件适用法律若干问题的解释》第二条的规定，未经允许驾驶他人机动车发生交通事故造成损害，首先由保险公司在机动车强制保险责任限额范围内予以赔偿，不足部分由机动车的使用人承担。机动车所有人对事故的发生存在过错的，也要承担相应的赔偿责任，但机动车是出于被盗窃、抢劫或抢夺等原因而导致机动车被他人使用的除外。这里的“过错”是指机动车所有人知道或者应当知道：1. 机动车存在缺陷且该缺陷是交通事故发生的原因；2. 使用人未取得相应的驾驶资格的；3. 使用人有饮酒、服用国家管制的精神药品或者麻醉药品，或者患有妨碍安全驾驶机动车的疾病等依法不能驾驶机动车的情形等其他能够认定机动车所有人存在过错的情形。具体到本案中，梁某作为机动车所有人，对于事故的发生并没有过错，因此依照上述法律规定，不需要承担责任。该同学可以向保险公司在机动车强制保险责任限额范围内要求索赔，不足部分向孙某进行索赔。

法律条文

《最高人民法院关于审理道路交通事故损害赔偿案件适用法律若干问题的解释》

第二条 未经允许驾驶他人机动车发生交通事故造成损害，当事人依照侵权责任法第四十九条①的规定请求由机动车驾驶人承担赔偿责任的，人民法院应予支持。机动车所有人或者管理人有过错的，承担相应的赔偿责任，但具有侵权责任法第五十二条②规定情形的除外。

《中华人民共和国民法典》

第一千二百零九条 因租赁、借用等情形机动车所有人、管理

① 已吸收进入《民法典》，现成为《民法典》第一千二百零九条。

② 已吸收进入《民法典》，现成为《民法典》第一千二百一十五条。

人与使用人不是同一人时，发生交通事故造成损害，属于该机动车一方责任的，由机动车使用人承担赔偿责任；机动车所有人、管理人对损害的发生有过错的，承担相应的赔偿责任。

第一千二百一十五条 盗窃、抢劫或者抢夺的机动车发生交通事故造成损害的，由盗窃人、抢劫人或者抢夺人承担赔偿责任。盗窃人、抢劫人或者抢夺人与机动车使用人不是同一人，发生交通事故造成损害，属于该机动车一方责任的，由盗窃人、抢劫人或者抢夺人与机动车使用人承担连带责任。

保险人在机动车强制保险责任限额范围内垫付抢救费用的，有权向交通事故责任人追偿。

未经机动车所有人同意，擅自驾驶机动车所有人的车辆并造成交通事故的，机动车所有人在法律规定的“过错”的情形下承担赔偿责任，否则不承担赔偿责任。

73. 被多次转让的拼装机动车发生交通事故时，由谁承担赔偿责任？

案例背景

肖某是一个富二代，平日里酷爱各种车，也喜欢赛车以寻求刺激。刘某和邓某均是肖某兴趣相投的好朋友。肖某为了让车的性能更好，更符合自己对车的喜好，经常将自己的爱车进行改装。可是每次改装后不久，肖某就不喜欢了，然后把改装好的车卖掉，再买一辆新车。一天，肖某提及想要卖掉最近改装的车，刘某认为该车性能很好，也很实用，就将车买下。几个月过后，刘某的手头有些紧，需要一些钱，经与邓某协商，刘某又将车卖给了邓某，并办理了过户手续等。自从买了这辆改装车，邓某经常带着朋友们外出兜风。在一次兜风过程中，由于车速过快，邓某将行人撞倒，并将其撞成重伤，花了很大一笔治疗费用。

学法有疑

在这种情况下，行人的医疗费用等应由谁承担？

法律讲堂

根据《最高人民法院关于审理道路交通事故损害赔偿案件适用法律若干问题的解释》第六条的规定可知，买卖被多次转让的拼装机动车发生交通事故的，当事人可请求所有的转让者和受让者承担连带责任。因此依照上述法律规定，在本案中首先应由保险公司在交强险限额范围内予以赔偿，不足的部分由所有的转让者和受让者承担连带责任，也就是说肖某、刘某、邓某三人对此交通事故承担连带责任。

法律条文

《最高人民法院关于审理道路交通事故损害赔偿案件适用法律若干问题的解释》

第六条 拼装车、已达到报废标准的机动车或者依法禁止行驶的其他机动车被多次转让，并发生交通事故造成损害，当事人请求由所有的转让人和受让人承担连带责任的，人民法院应予支持。

依照我国相关法律规定，买卖多次转让的拼装机动车发生事故时，保险公司在机动车交强险限额范围内予以赔偿，不足的部分由所有的转让者和受让者承担连带责任。

74. 多辆机动车交通事故中，当有的机动车未投保第三者责任险时，损害赔偿应如何处理？

案例背景

小军是一名中学生，每天放学后骑自行车回家。小军家和学校之间有一条必经的道路，每天小军上下学都要横穿这条道路，然后到达家或者学校。一天，下着小雨，路面有些湿滑，等红灯亮的时候，小军像往常一样横穿马路。此时从小军的右边驶来一辆面包车，由于雨天路滑，面包车刹车失灵，将小军撞倒在地。面包车司机下车查看情况，后边的小轿车司机侯某正在打电话，未将注意力集中到前方，追尾面包车，使面包车压伤了小军的大腿。由于交通事故的出现，道路陷入了堵塞混乱的局面。韩某从左边驶来时，不知前方的情况，没有提前减速，等快到达现场时，刹车不及时，撞击到事故现场，加重了小军的伤。依照法律规定，面包车司机、侯某、韩某等应对小军承担赔偿责任，但是韩某的车并未投保第三者责任险。

学法有疑

在这种情况下，应如何处理赔偿责任？

法律讲堂

根据我国《最高人民法院关于审理道路交通事故损害赔偿案件适用法律若干问题的解释》第二十一条第三款的规定可知，多辆机动车发生交通事故，其中有部分机动车未投保交强险的，应先由已承保交强险的保险公司在责任限额范围内予以赔偿，对于超出保险公司责任限额的部分，可以向未投保交强险的义务人或者侵权人追偿。在本案中，面包车司机和侯某都已经投保交强险，因此这两人投保的保险公司应在责任限额范围内对小军承担赔偿责任。对于超出保险责任限额的部分，两家保险公司可以向未投保交强险的义务人韩某进行追偿。

法律条文

《最高人民法院关于审理道路交通事故损害赔偿案件适用法律若干问题的解释》

第二十一条第三款 多辆机动车发生交通事故造成第三人损害，其中部分机动车未投保交强险，当事人请求先由已承保交强险的保险公司在责任限额范围内予以赔偿的，人民法院应予支持。保险公司就超出其应承担的部分向未投保交强险的投保义务人或者侵权人行使追偿权的，人民法院应予支持。

多辆机动车发生交通事故造成第三人损害，已承保交强险的保险公司应在责任限额范围内先予以赔偿。对于超出保险公司责任限额的部分，可以向未投保交强险的义务人或者侵权人追偿。

75. 因道路施工造成交通事故，权利人是否可以要求建设单位与施工单位承担赔偿责任？

案例背景

某县城的一条道路地面破碎，经过群众的不断反应，市路政部门决定对这条道路进行整修。施工单位组织人员整修道路。小李是施工单位的人员，负责人让小李负责设置安全警示标志。小李认为设置安全警示标志太费事了，而且在白天，行人应该能看见这里正在施工，不会出什么事。于是小李没有服从负责人的指示设置安全警示标志。这天刘某骑着摩托车回家，由于着急，刘某在路过施工路段时，不小心撞到施工的建筑工具上，造成自己重伤，并且花了大量的医疗费用。

学法有疑

刘某要求建设单位与施工单位一同承担赔偿责任，符合法律规定吗？

法律讲堂

刘某要求建设单位与施工单位一同承担赔偿责任，是有法律依据的。根据《最高人民法院关于审理道路交通事故损害赔偿案件适用法律若干问题的解释》第十一条的规定可知，因为施工单位的过错造成交通事故时，权利人要求建设单位与施工单位承担赔偿责任的，人民法院应予以支持。在本案中，施工单位应在施工的道路上设置明显的警示标志，提醒行人注意，可是该施工单位没有设置警示标志，没有尽到提醒注意的义务，并造成刘某交通事故的发生，因此刘某可以要求建设单位与施工单位一同承担赔偿责任，人民法院应予以支持。

法律条文

《最高人民法院关于审理道路交通事故损害赔偿案件适用法律若干问题的解释》

第十一条 未按照法律、法规、规章或者国家标准、行业标准、地方标准的强制性规定设计、施工，致使道路存在缺陷并造成交通事故，当事人请求建设单位与施工单位承担相应赔偿责任的，人民法院应予支持。

整修道路会影响行人的正常通行，为了避免或减少交通事故的发生，施工单位应设置警示牌等提示信息。因施工单位的过错造成交通事故的，权利人要求建设单位与施工单位承担赔偿责任的，人民法院应予以支持。

76. 多次转让但未过户的机动车发生事故时，赔偿责任应如何分配？

案例背景

胡某是个体工商户，家里有两辆车，一辆车是平时送货的货车，一辆车是家用小轿车。随着胡某生意的扩大，胡某认为家里的小轿车太旧了，与家人协商后，把家用小轿车卖给了自己的小表弟司某。但是由于胡某生意比较忙，两人一直没有办理过户手续。最近几天，司某想与朋友做买卖，但是手里没有资金，于是与朋友鲁某商量，让鲁某买了司某的车。一天，鲁某开车与朋友外出喝酒，喝酒回来的路上，不小心将一位老妇人撞倒。交通管理部门出具交通事故认定书，鲁某酒后驾驶，应负全责。鲁某辩称，虽然车是他的，但是还没有办理过户手续，仍属于胡某。

学法有疑

因此胡某是否应与他一同承担赔偿责任？

法律讲堂

根据《最高人民法院关于审理道路交通事故损害赔偿案件适用法律若干问题的解释》第四条的规定可知，经过多次转让的机动车在未办理所有权登记的情况下发生交通事故的损害，当事人请求由最后一次转让并交付的受让人承担赔偿责任的，人民法院应当予以支持。本案中，最后一次转让并交付的受让人为鲁某，且鲁某将人撞伤，依照上述的法律规定，被撞伤的老妇人有权要求鲁某承担赔偿责任。而鲁某是否可以要求胡某、司某等人承担赔偿责任，则另当别论，与老妇人无关。

法律条文

《最高人民法院关于审理道路交通事故损害赔偿案件适用法律若干问题的解释》

第四条 被多次转让但未办理转移登记的机动车发生交通事故造成损害，属于该机动车一方责任，当事人请求由最后一次转让并成功交付的受让人承担赔偿责任的，人民法院应予支持。

一句话说法

现实中会有多次转让但未办理转移登记的机动车，当这类机动车发生交通事故，且属于机动车一方的责任时，依照相关法律的规定，受损害的当事人可以请求由最后一次转让并成功交付的机动车受让人承担赔偿责任。

第8章 道路交通事故保险赔偿

77. 汽车已过户，保险未变更，发生事故时保险公司是否免责？

案例背景

刘某大学毕业后和相恋四年的女朋友结婚，两人选择在山东的一个小县城定居。因为刘某的单位离住处较远，每天坐公交车上下班很不方便，小两口便商量着买辆车。因为婚房的首付是双方父母凑的，所以两人不想再加重父母负担，打算自己攒钱买车。因为积蓄不多，两人决定先买一辆二手车。经过一段时间的比较，两人购买了一辆二手车。过户当天，本想将保险一起办了，但因为刘某父母突发疾病，两人便急忙开车赶回去，不料途中将一行人撞伤，需要赔付医药费。刘某夫妇想到找保险公司请求损害赔偿。

学法有疑

汽车已过户但保险未变更时发生的保险事故，保险公司要承担责任吗？

法律讲堂

保险公司在这种情况下需要承担相应责任。根据《最高人民法院关于审理道路交通事故损害赔偿案件适用法律若干问题的解释》第二十三条第一款的规定，在机动车交强险合同期间内，发生车辆买卖过户但未变更保险手续的，保险公司是不能免除赔偿责任的。因此本案中，刘某车辆投保的保险公司不能免责。在办理保险事宜时，刘某应履行自己的告知义务，向保险公司说明情况，并根据相关规定尽快办理变更手续。这样的规定保护了法律关系的相对稳定，有利于保护第三人的合法权益。

法律条文

《最高人民法院关于审理道路交通事故损害赔偿案件适用法律若干问题的解释》

第二十三条第一款 机动车所有权在交强险合同有效期内发生变动，保险公司在交通事故发生后，以该机动车未办理交强险合同变更手续为由主张免除赔偿责任的，人民法院不予支持。

一句话说法

机动车的所有人发生变更，但保险仍因该机动车而存在。虽然所有人变更会产生相应的法律关系的变化，但保障被侵权人的权益仍是法律考虑的首要问题。因此，汽车已过户但保险手续未变更时发生的交通事故，保险公司仍然要承担责任。

78. 所有人改装汽车发生事故的，保险公司需要承担责任吗？

案例背景

王某酷爱汽车，从小就接触各种汽车，等到自己有了驾照更是经常换车。当然，这都是因为王某的爸爸是某上市公司的老总，总是给儿子提供资金支持。王某不仅爱车，而且酷爱改装汽车，经常跟朋友探讨、切磋改装汽车的问题。2019 年 9 月，王某购入了某品牌新款车型，缴纳了相应的保险费用，随后，将车的发动机、变速箱和车身外形等进行了一系列改造。新车改造成功后，王某非常高兴，便带着几个朋友上路试车。没想到，一向谨慎的王某在十字路口撞伤了一位行人，交通警察判定王某负全责，赔偿对方共 2 万多元。事后王某打算向保险公司索赔。

学法有疑

在车辆改装的情况下，保险公司要承担赔偿责任吗？

法律讲堂

根据《最高人民法院关于审理道路交通事故损害赔偿案件适用法律若干问题的解释》第二十三条第二款、第三款的规定可知，在交强险合同有效期内，机动车发生改装、使用性质改变等导致危险程度增加的情形，发生交通事故后，保险公司在其责任范围内仍应承担责任。而对由于车辆改装后增加的风险而造成的损失，保险公司是不承担责任的。本案中，王某在保险合同期间对投保车辆进行了改装，增加了其危险程度，同时没有重新核定并补足保险费，故保险公司只能在原合同保险费确定的责任范围内承担责任，因车辆改装后增加的风险而造成损失的，保险公司不承担责任。如果王某在改造车辆后重新核定保险费并补足，那么保险公司应在新合同确定的责任范围内承担责任。

法律条文

《最高人民法院关于审理道路交通事故损害赔偿案件适用法律若干问题的解释》

第二十三条

……

机动车在交强险合同有效期内发生改装、使用性质改变等导致危险程度增加的情形，发生交通事故后，当事人请求保险公司在责任限额范围内予以赔偿的，人民法院应予支持。

前款情形下，保险公司另行起诉请求投保义务人按照重新核定后的保险费标准补足当期保险费的，人民法院应予支持。

一句话说法

如果因车辆经过改装增加了事故风险，并导致交通事故的发生，保险公司不需对增加的风险负责，只需在原有的责任范围内承担责任，这符合法律精神中的公平正义。爱车的广大朋友们要注意，爱车要有度，不能因为一时的兴致改装车而增加其危险度。

79. 受害人将侵权人及交强险和商业三者险的保险公司作为共同被告，赔偿应如何进行？

案例背景

老蔡和妻子早年结婚，育有一子。去年，儿子结婚生子，眼看着孩子成家立业，老两口终于可以松口气了。老蔡想着换辆新车，带老伴儿去游山玩水，过久违的二人世界。老蔡一辈子谨慎小心，买了新车后，不仅投保了交强险，而且投保了第三者责任商业保险。一天，老蔡开车带妻子去商场，回来的路上因为人太多，老蔡一心慌，与另一辆私家车相撞。老蔡负全责，车主李某受伤需住院治疗。李某将老蔡及交强险和商业三者险的保险公司作为共同被告告上法庭，要求支付各项损失共7.53万元。

学法有疑

同时投保交强险和商业三者险的机动车发生交通事故造成损害时，赔偿额应如何进行分配？

法律讲堂

《最高人民法院关于审理道路交通事故损害赔偿案件适用法律若干问题的解释》第十六条规定："同时投保机动车第三者责任强制保险（以下简称"交强险"）和第三者责任商业保险（以下简称"商业三者险"）的机动车发生交通事故造成损害，当事人同时起诉侵权人和保险公司的，人民法院应当按照下列规则确定赔偿责任：（一）先由承保交强险的保险公司在责任限额范围内予以赔偿；（二）不足部分，由承保商业三者险的保险公司根据保险合同予以赔偿；（三）仍有不足的，依照道路交通安全法和侵权责任法①的相关规定由侵权人予以赔偿。被侵权人或者其近亲属请求承保交强险的保险公司优先赔偿精神损害的，人民法院应予支持。"

本案中李某提起的诉讼请求，应该首先由承保老蔡的机动车交强险的保险公司在责任限额内进行赔偿；若不足，由承保商业三者险的保险公司依合同赔偿；若仍存在不足，剩余部分应由侵权责任人蔡某承担。

法律条文

《最高人民法院关于审理道路交通事故损害赔偿案件适用法律若干问题的解释》

第十六条 同时投保机动车第三者责任强制保险（以下简称"交强险"）和第三者责任商业保险（以下简称"商业三者险"）的机动车发生交通事故造成损害，当事人同时起诉侵权人和保险公司的，人民法院应当按照下列规则确定赔偿责任：

① 现已吸收进入《中华人民共和国民法典》，成为侵权责任编。

（一）先由承保交强险的保险公司在责任限额范围内予以赔偿；

（二）不足部分，由承保商业三者险的保险公司根据保险合同予以赔偿；

（三）仍有不足的，依照道路交通安全法和侵权责任法[①]的相关规定由侵权人予以赔偿。

被侵权人或者其近亲属请求承保交强险的保险公司优先赔偿精神损害的，人民法院应予支持。

《中华人民共和国民法典》

第一千一百八十三条 侵害自然人人身权益造成严重精神损害的，被侵权人有权请求精神损害赔偿。

因故意或者重大过失侵害自然人具有人身意义的特定物造成严重精神损害的，被侵权人有权请求精神损害赔偿。

交强险、商业三者险、侵权人的赔偿顺序，是由三者的性质决定的：交强险具有强制性，保障性强，商业三者险作为补充，若仍有不足则由直接侵权人补足。这样规定是为了保障被侵权人的权益。

---

① 现已吸收进入《中华人民共和国民法典》，成为侵权责任编。

80. 将未投保交强险的机动车借给他人使用，发生事故的，投保义务人是否应承担赔偿责任？

案例背景

小陈今年刚大学毕业参加工作，父母为了方便孩子上下班，便出钱为他购买了一辆小轿车。小陈忙于工作，一直没时间给新车投保机动车第三者责任强制保险，又因为小陈非常相信自己的驾驶技术，所以并不着急。这天，好友小梁刚拿到驾照，得知小陈有辆新车，非常高兴，急忙找好友借车，希望过过瘾。小陈虽然对刚拿到驾照的小梁的驾驶技术不太信任，但碍于面子还是借给了他。怎料，事情没过三天，小梁便开车撞了人，经交警部门鉴定，小梁驾驶的机动车负事故全责。事后，受害人王某将驾驶人小梁和车辆所有人小陈一起告上法庭，要求赔偿其医疗费、误工费等共计2.35万元。

学法有疑

将未投保交强险的机动车借给他人使用而发生事故的，投保义务人是否应承担赔偿责任？

法律讲堂

根据《最高人民法院关于审理道路交通事故损害赔偿案件适用法律若干问题的解释》第十九条的规定，未依法投保交强险的机动车发生交通事故造成损害，投保义务人在机动车第三者责任强制保险责任限额范围内负有赔偿责任。当投保义务人与侵权人不是同一人的情况下，二者在交强险责任限额范围内承担连带责任。因此本案中，小陈和小梁对受害人王某的损失承担连带责任，其中任何一人有偿付能力，即应向受害人王某承担侵权责任，而后再根据责任份额向另一人进行追偿。这样规定，可以最大限度地保障被侵权人的利益。

法律条文

《最高人民法院关于审理道路交通事故损害赔偿案件适用法律若干问题的解释》

第十九条 未依法投保交强险的机动车发生交通事故造成损害，当事人请求投保义务人在交强险责任限额范围内予以赔偿的，人民法院应予支持。

投保义务人和侵权人不是同一人，当事人请求投保义务人和侵权人在交强险责任限额范围内承担连带责任的，人民法院应予支持。

机动车第三者责任强制保险、未投保义务人与侵权人承担连带赔偿责任的目的都在于充分保护交通事故受害人能够依法及时获得赔偿，同时也能够分散、减免机动车驾驶人承担的赔偿风险。

81. 驾驶人未取得驾照而将行人撞伤，受害人可否请求保险公司赔偿？

案例背景

小孙是个爱车的男孩子，今年刚满十八岁，便催着父母帮他报考驾照。一个月后，小孙已经成功考过科目三，眼看就要拿到驾照，于是催着父母给他买车。小孙父母只有这一个宝贝儿子，从小便有求必应，没过几天就把新车开回了家。父母担心小孙管不住自己，一再叮嘱，拿到驾照之前不能开车。但年轻的小伙子还是控制不住对车的喜爱，趁着父母不在家，偷偷开车在附近转悠，一路都还算顺畅，没想到，快到家的时候将一位过马路的大爷撞伤，小孙负全责。考虑到小孙没有偿付能力，大爷的家人将承保交强险的保险公司告上法庭，要求赔偿其人身损害。

学法有疑

驾驶人未取得驾照而将行人撞伤，受害人可否请求承保交强险的保险公司赔偿？

法律讲堂

根据我国《道路交通安全法》第七十六条及《最高人民法院关于审理道路交通事故损害赔偿案件适用法律若干问题的解释》第十八条的规定，我们可以看出，机动车发生道路交通事故所造成的财产损失和人身伤亡首先由保险公司在机动车第三者责任强制保险责任限额范围内予以赔偿。但是驾驶人做出法律所禁止的行为，即未取得驾驶资格，在醉酒、吸毒、滥用麻醉药品或者精神药品后，驾驶机动车发生交通事故情况下造成人身损害的，被侵权人提出由承保第三者责任强制保险的保险公司在承保限额范围内对人身损害进行赔偿，人民法院应当予以支持，保险公司在进行赔偿后可以向侵权人进行追偿。本案中，小孙未取得驾驶资格就驾驶机动车发生交通事故，被侵权人要求承保交强险的保险公司在责任限额内对其人身损害进行赔偿，人民法院应予支持。当然，保险公司在进行赔偿后，可以向小孙行使追索权。如果小孙没有偿付能力，将由其父母代为赔偿。

法律条文

《中华人民共和国道路交通安全法》

第七十六条 机动车发生交通事故造成人身伤亡、财产损失的，由保险公司在机动车第三者责任强制保险责任限额范围内予以赔偿；不足的部分，按照下列规定承担赔偿责任：

（一）机动车之间发生交通事故的，由有过错的一方承担赔偿责任；双方都有过错的，按照各自过错的比例分担责任。

（二）机动车与非机动车驾驶人、行人之间发生交通事故，非机动车驾驶人、行人没有过错的，由机动车一方承担赔偿责任；有证据证明非机动车驾驶人、行人有过错的，根据过错程度适当减轻机动车一方的赔偿责任；机动车一方没有过错的，承担不超过百分之十的赔偿责任。

交通事故的损失是由非机动车驾驶人、行人故意碰撞机动车造成的，机动车一方不承担赔偿责任。

《最高人民法院关于审理道路交通事故损害赔偿案件适用法律若干问题的解释》

第十八条 有下列情形之一导致第三人人身损害，当事人请求保险公司在交强险责任限额范围内予以赔偿，人民法院应予支持：

（一）驾驶人未取得驾驶资格或者未取得相应驾驶资格的；

（二）醉酒、服用国家管制的精神药品或者麻醉药品后驾驶机动车发生交通事故的；

（三）驾驶人故意制造交通事故的。

保险公司在赔偿范围内向侵权人主张追偿权的，人民法院应予支持。追偿权的诉讼时效期间自保险公司实际赔偿之日起计算。

一句话说法

当造成交通事故的驾驶人存在法律禁止的行为时，如酒驾、醉驾、无证驾驶等，最终的赔偿责任应由驾驶人自己承担。而保险公司根据交强险进行的理赔是为了保障被侵权人能够获得及时有效的赔偿。

第9章 道路交通事故诉讼

82. 交通事故损害赔偿案件中，当事人是否可以直接提起诉讼?

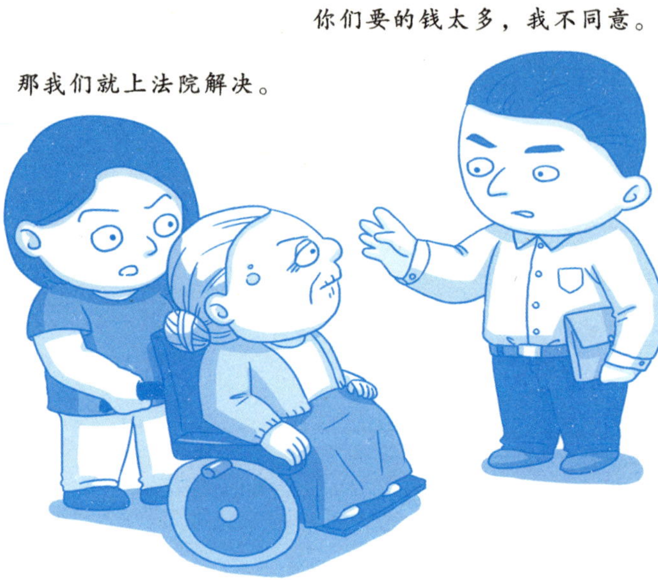

案例背景

廖先生是一名大学教授，为了环保，廖先生上个月买了一辆价格不菲的电动汽车。周末的一天，廖先生带着妻子一同前往公园游玩，在到达公园门口后，廖先生找到一个空置的停车位，在停车过程中不慎将准备来公园散步的老太太高某撞倒，导致高某右腿骨折。

交警部门经勘验后，出具了交通事故责任认定书，认定双方各自承担一半的责任。廖先生主动提出通过调解解决问题，但是由于老太太的家人对赔偿数额要求过高，双方最终未能达成一致意见。老太太的家属决定直接通过诉讼来解决赔偿问题。

学法有疑

老太太的家属是否可以针对交通事故损害赔偿直接提起诉讼？

法律讲堂

根据我国《道路交通安全法》第七十四条的规定，对交通事故损害赔偿存在争议的当事人既可以请求公安机关交管部门进行调解，也可以直接就损害赔偿争议向法院提起诉讼。如果当事人选择通过调解协商解决问题，那么当调解不成或者一方当事人不履行调解协议时，另一方当事人不因为参与调解而丧失诉讼权，仍然可以就赔偿事宜向法院提起诉讼。本条规定了发生道路交通事故损害赔偿争议时，当事人可以采取两种纠纷解决方式：请求公安机关交通管理部门调解和直接提起民事诉讼。在本案中，老太太高某作为本次事故的直接受害人，有权选择解决赔偿的方式，事故另一方当事人廖先生主动提出通过调解解决问题，但双方最终未能就赔偿数额达成一致意见。老太太高某有权利针对该交通事故损害赔偿直接提起诉讼。

法律条文

《中华人民共和国道路交通安全法》

第七十四条 对交通事故损害赔偿的争议，当事人可以请求公安机关交通管理部门调解，也可以直接向人民法院提起民事诉讼。

经公安机关交通管理部门调解，当事人未达成协议或者调解书生效后不履行的，当事人可以向人民法院提起民事诉讼。

发生道路交通事故损害赔偿争议时，当事人可以采取两种纠纷解决方式：请求公安机关交通管理部门调解和直接提起民事诉讼。如选择调解但未达成一致的，当事人仍然可以就赔偿事宜向法院提起诉讼。

83. 机动车道路交通事故责任纠纷案件的地域管辖是如何规定的?

案例背景

老刘是B市某客运公司的司机，其驾驶的客车是从B市开往A市的。今年2月，老刘驾驶客车从A市返回B市过程中途径C市，与迎面行驶的豪华轿车发生碰撞，交警部门经勘验后出具了交通事故责任认定书，认定客车司机老刘负主要责任。豪华轿车车主是C市市民董某，董某经打听了解到老刘家境一般，不具有赔偿能力，遂希望与客车实际控制人范某以及B市客运公司进行调解协商，希望范某以及B市客运公司能够对其损害进行赔偿，但是多次协商未果。于是董某决定将司机老刘、客车实际所有权人范某以及B市客运公司告上法院。

学法有疑

董某应该向哪个法院提起交通事故赔偿诉讼？

法律讲堂

我国《民事诉讼法》第二十八条规定："因侵权行为提起的诉讼，由侵权行为地或者被告住所地人民法院管辖。"依据《最高人民法院关于审理道路交通事故损害赔偿案件适用法律若干问题的解释》第二十五条的规定，人民法院审理道路交通事故损害赔偿案件时，应将交强险承保公司列为交通事故纠纷共同被告，但该保险公司已经在交强险责任限额范围内予以赔偿且当事人无异议的除外。综合以上，机动车交通事故责任纠纷的人民法院地域管辖原则为：侵权行为地、侵权人住所地或承保机动车第三者责任强制保险的保险公司的分支机构所在地的人民法院均可受理。在本案中，受害人董某可以向客车司机老刘住所地 B 市人民法院提起诉讼，也可向侵权行为地 C 市人民法院起诉，或者是客车实际所有权人范某以及 B 市客运公司所在地的人民法院提起诉讼。具体而言，受害人董某可以选择对自己最有利的人民法院提起诉讼，以节省不必要的开支，方便诉讼进行。

法律条文

《中华人民共和国民事诉讼法》

第二十八条 因侵权行为提起的诉讼，由侵权行为地或者被告住所地人民法院管辖。

《最高人民法院关于审理道路交通事故损害赔偿案件适用法律若干问题的解释》

第二十五条 人民法院审理道路交通事故损害赔偿案件，应当将承保交强险的保险公司列为共同被告。但该保险公司已经在交强险责任限额范围内予以赔偿且当事人无异议的除外。

人民法院审理道路交通事故损害赔偿案件，当事人请求将承保商业三者险的保险公司列为共同被告的，人民法院应予准许。

一句话说法

机动车交通事故责任纠纷案件中，受害人在提起诉讼的法院上具有选择权。原则上，侵权行为地、侵权人住所地或承保交强险的保险公司的分支机构所在地的人民法院均可受理。

84. 交通事故损害赔偿案件中，经调解达成协议后，是否可以再起诉？

案例背景

刘小姐是某手机店员工，某日，与几位同事相约去一家烧烤店吃饭，因为路程较远，遂决定打车前往。但是由于一辆车无法承载六个人，刘女士使决定乘坐同事小张的摩托车前往。在行至某十字路口时，小张的摩托车不慎与一辆小轿车相撞，同事小张并无大碍，刘女士伤势较重，被诊断为右腿骨折，经鉴定为九级伤残。后经交警部门出具交通事故责任认定书，认定小轿车车主对此事负主要责任，同事小张负次要责任。在交警部门的调解下，小轿车车主与刘小姐达成调解协议，在协议生效后十天内，由小轿车车主一次性赔偿刘小姐 15 万元。协议生效十天后，小轿车车主以最近经济状况较差为由，一直未支付赔偿。

学法有疑

交通事故损害赔偿案件中，经调解达成协议后，是否可以再起诉?

法律讲堂

我国《道路交通安全法》第七十四条规定："对交通事故损害赔偿的争议，当事人可以请求公安机关交通管理部门调解，也可以直接向人民法院提起民事诉讼。经公安机关交通管理部门调解，当事人未达成协议或者调解书生效后不履行的，当事人可以向人民法院提起民事诉讼。"本案中，在交警部门的调解下，小轿车车主与刘小姐自愿达成调解协议。该协议是合法有效的，但是小轿车车主未按期履行支付赔偿。这种情况，刘小姐不因参与调解而丧失诉讼权，仍然可以就赔偿事项向法院提起诉讼。

法律条文

《中华人民共和国道路交通安全法》

第七十四条 对交通事故损害赔偿的争议，当事人可以请求公安机关交通管理部门调解，也可以直接向人民法院提起民事诉讼。

经公安机关交通管理部门调解，当事人未达成协议或者调解书生效后不履行的，当事人可以向人民法院提起民事诉讼。

发生道路交通事故损害赔偿争议时，当事人选择通过调解协商解决问题，当一方当事人不履行调解协议时，另一方当事人不因参与调解而丧失诉讼权，仍然可以就赔偿事项向法院提起诉讼。

85. 交通事故损害赔偿案件中，承保商业三者险的保险公司是否可以被列为共同被告？

案例背景

大学生潘某酷爱骑行，在一次骑车旅行途径W市时，不幸与一辆运沙车发生剐蹭，导致潘某脑部受到重创，一直处于昏迷的状态。潘某在治疗中共花费40余万元。交警部门出具的交通事故认定书，认定运沙车因严重超载导致刹车失灵，负全部责任。但潘某治疗期间所花费的各种费用，除了保险公司将交强险金额赔偿给潘家之外，其余费用运沙车车主一直拒不支付，且多次协商无果。后来，潘家人打听到该运沙车购买过商业三者险，潘家想把运沙车车主以及商业保险公司列为共同被告。

学法有疑

在这种情况下，承保商业三者险的保险公司在损害赔偿案件中可以被列为共同被告吗？

法律讲堂

我国《最高人民法院关于审理道路交通事故损害赔偿案件适用法律若干问题的解释》第二十五条规定："人民法院审理道路交通事故损害赔偿案件，应当将承保交强险的保险公司列为共同被告。但该保险公司已经在交强险责任限额范围内予以赔偿且当事人无异议的除外。人民法院审理道路交通事故损害赔偿案件，当事人请求将承保商业三者险的保险公司列为共同被告的，人民法院应予准许。"本案中，潘某遭遇车祸，自己受到伤害并为此支付了高额医疗费用，只有承包交强险的保险公司支付过赔偿款，其余费用运沙车车主一直拒不支付。为了能够获得赔偿，潘某想要将承保商业三者险的保险公司作为共同被告一同起诉，人民法院应予准许。

法律条文

《最高人民法院关于审理道路交通事故损害赔偿案件适用法律若干问题的解释》

第二十五条 人民法院审理道路交通事故损害赔偿案件，应当将承保交强险的保险公司列为共同被告。但该保险公司已经在交强险责任限额范围内予以赔偿且当事人无异议的除外。

人民法院审理道路交通事故损害赔偿案件，当事人请求将承保商业三者险的保险公司列为共同被告的，人民法院应予准许。

人民法院审理道路交通事故损害赔偿案件中，当事人请求将承保商业三者险的保险公司列为共同被告的，人民法院应予准许。

86. 审理交通事故损害赔偿案件时，法院会对当事人的哪些赔偿请求予以支持？

案例背景

2019年10月15日，马某驾驶着刚买的汽车前往公司上班，在途经一个路口时，与右方行驶的车辆发生碰撞，导致马某车辆右前方车灯受损，右前门掉漆严重。后交警部门出具交通事故责任认定书，对方对此次事故负主要责任。在交警部门的协调下，双方进行和解，但是在赔偿方面，双方产生了争执。马某希望对方赔偿维修车辆的费用，并给予一定的交通赔偿费，因为车辆在维修期间，需要自行打车上下班。而对方只愿意支付车辆维修的费用，其他费用一概不予赔偿。双方未达成调解，马某遂将对方告上法院。

学法有疑

在审理道路交通事故损害赔偿案件时，机动车交通事故赔偿权利人的哪些财产损失费用可以得到法律支持？

法律讲堂

根据我国《最高人民法院关于审理道路交通事故损害赔偿案件适用法律若干问题的解释》第十五条第一项和第四项的规定，因道路交通事故造成的维修被损坏车辆所支出的费用、车辆所载物品的损失、车辆施救的费用，非经营性车辆因无法继续使用，所产生的通常替代性交通工具的合理费用，当事人请求侵权人赔偿的，人民法院应予支持。本案中马某主张汽车的维修费、施救费以及车辆无法使用期间产生的替代性交通工具的费用是符合法律规定的，侵权人应当给予相应的赔偿，法院对于马某的主张应予以支持。

法律条文

《最高人民法院关于审理道路交通事故损害赔偿案件适用法律若干问题的解释》

第十五条 因道路交通事故造成下列财产损失，当事人请求侵权人赔偿的，人民法院应予支持：

（一）维修被损坏车辆所支出的费用、车辆所载物品的损失、车辆施救费用；

（二）因车辆灭失或者无法修复，为购买交通事故发生时与被损坏车辆价值相当的车辆重置费用；

（三）依法从事货物运输、旅客运输等经营性活动的车辆，因无法从事相应经营活动所产生的合理停运损失；

（四）非经营性车辆因无法继续使用，所产生的通常替代性交通工具的合理费用。

一句话说法

人民法院审理道路交通事故损害赔偿案件时，当事人针对被损坏车辆的维修费用、车辆所承载的物品、车辆的施救以及因车辆损坏而产生的替代性交通费用等财产损失的赔偿请求，法院应予以支持。

87. 法院对机动车交通事故当事人之间的损害赔偿责任应该如何认定?

案例背景

2020 年 3 月 15 日，龚某驾驶私家车行至某路段时，因该路段正在施工，道路两侧堆放着一些砂石料，致使龚某的车辆翻入道路右侧的河沟内，后龚某经抢救无效死亡。经交警部门鉴定，龚某血液中的酒精含量超标，属于醉酒驾驶，对此事故负全部责任。随后龚某的亲属找到该路段施工单位要求赔偿，施工单位以交警部门的责任认定书为依据拒绝支付任何赔偿。但经龚某亲属调查发现，该路段在施工期间并未设置明显的标示牌，施工单位存在明显过错，遂将该施工单位告上法院，要求施工单位承担赔偿责任。

学法有疑

在这种情况下，法院该如何认定机动车交通事故当事人之间的损害赔偿责任呢?

法律讲堂

根据《最高人民法院关于审理道路交通事故损害赔偿案件适用法律若干问题的解释》第二十七条的规定可知，法院在审理交通事故赔偿案件时，应当依法审查交通管理部门制作的交通事故认定书，并确认其相应的证明力。但交通事故认定书并不是法院判定当事人之间赔偿权利和义务关系内容的唯一依据。本案中，交警部门责任认定书的结论为龚某属于醉酒驾驶，对此事故负全部责任，但经龚某的亲属调查发现，该路段在施工期间并未设置明显的标示牌，施工单位同样存在明显过错。因此，法院应综合全案证据材料，根据构成交通事故损害赔偿责任的客观要件，综合认定交通事故当事人的行为对交通事故所起的作用及过错程度，确定当事人的事故责任。

法律条文

《最高人民法院关于审理道路交通事故损害赔偿案件适用法律若干问题的解释》

第二十七条 公安机关交通管理部门制作的交通事故认定书，人民法院应依法审查并确认其相应的证明力，但有相反证据推翻的除外。

一句话说法

法院在审理交通事故赔偿案件时，交通事故认定书只是作为确定责任的证据之一，若有相反证据，法官应综合双方当事人的证据材料，综合认定交通事故当事人的行为对交通事故所起的作用和过错程度，确定当事人的事故责任。

88. 多个被侵权者提起诉讼，法院对原告各方提出的交强险赔偿金的份额应该如何认定？

案例背景

丁某是某公司的部门经理，一天因公司有紧急会议，丁某匆忙驾驶自己的越野车前往公司，由于路程较远以及堵车严重，丁某眼看就要迟到，心急如焚。丁某行至一个十字路口时，因驾驶速度过快，与一辆正在转向的出租车发生碰撞，导致出租车内的司机和两名乘客分别受到不同程度的伤害。交警部门出具交通事故责任认定书，认定丁某对此次事故负全部责任。三位受害者本希望能够与丁某达成和解来解决赔偿问题，但最终对赔偿金额协商未果，三位受害者一纸诉状将丁某告上法庭，要求其承担赔偿各自的损失。

学法有疑

多个被侵权者提起诉讼，法院应当如何确定原告各方获得交强险赔偿金的份额？

法律讲堂

根据我国《民法典》第一千一百八十二条、第一千一百八十四条以及《最高人民法院关于审理道路交通事故损害赔偿案件适用法律若干问题的解释》第二十二条的规定，受侵权损害的当事人根据自己受到的损失情况（按照损失发生时的市场价格或者其他方式计算）向人民法院提起诉讼，要求侵权人进行赔偿的，法院则根据各被侵权人损失的比例，在交强险赔偿限额内确定各被侵权人应当享有的赔偿数额。在本案中，针对三名被侵权人提出的交强险赔偿金额问题，法院应当综合实际情况，根据比例来确定各被侵权人分别应获得的赔偿数额。

法律条文

《中华人民共和国民法典》

第一千一百八十二条 侵害他人人身权益造成财产损失的，按照被侵权人因此受到的损失或者侵权人因此获得的利益赔偿；被侵权人因此受到的损失以及侵权人因此获得的利益难以确定，被侵权人和侵权人就赔偿数额协商不一致，向人民法院提起诉讼的，由人民法院根据实际情况确定赔偿数额。

第一千一百八十四条 侵害他人财产的，财产损失按照损失发生时的市场价格或者其他合理方式计算。

《最高人民法院关于审理道路交通事故损害赔偿案件适用法律若干问题的解释》

第二十二条 同一交通事故的多个被侵权人同时起诉的，人民法院应当按照各被侵权人的损失比例确定交强险的赔偿数额。

一句话说法

在一起道路交通事故损害赔偿案件中，如果存在多个被侵权人，被侵权人根据自己受到的损失情况向人民法院提起诉讼。要求侵权人进行赔偿的，法院则应根据各被侵权人损失的比例，在交强险赔偿限额内确定各被侵权人应当享有的赔偿数额。

第10章 道路交通执法监督

89. 公安机关有权扣押与事故无关的物品吗?

案例背景

王某是某集团的设计总监。周一早上，王某到公司上班，由于出门有些晚，又要赶着开会，所以王某在开车的时候有些着急。在经过一个十字路口时，不慎将一位骑电动车的女子撞伤。该女子报了警，交警部门立即赶到，对事故现场进行了勘察，并决定依法暂时扣押王某的车。而这时公司早上开会使用的重要文件都在王某的车上，于是，王某向警察提出自己留下来解决该事故，请求将车里的文件交由公司其他人带回去，但被拒绝。

学法有疑

王某要求将车里的文件让其他人带走合理吗？公安机关有权扣押与事故无关的物品吗？

法律讲堂

王某的请求是合理的，公安机关无权扣押与事故无关的物品。根据我国《道路交通事故处理程序规定》第三十九条和第四十条的规定，因收集证据的需要，公安机关交通管理部门可以扣留事故车辆，扣押机动车驾驶证等与事故相关的物品、证件，并依法出具相应的法律文书。由此可知，只有与事故有关的物品、车辆等，公安机关交通管理部门才可以扣押。本案中，王某开车不慎将一位骑电动车的女子撞伤，在这起交通事故中，公安机关交通管理部门可以依法扣押肇事车辆和王某的驾驶证等证件，但王某车上放置的公司相关文件和本起事故毫无关系，公安机关交通管理部门无权进行扣押，王某可以要求将车里的文件由其他人带走。

法律条文

《道路交通事故处理程序规定》

第三十九条 因收集证据的需要，公安机关交通管理部门可以扣留事故车辆及机动车行驶证，并开具行政强制措施凭证。扣留的车辆及机动车行驶证应当妥善保管。

公安机关交通管理部门不得扣留事故车辆所载货物。对所载货物在核实重量、体积及货物损失后，通知机动车驾驶人或者货物所有人自行处理。无法通知当事人或者当事人不自行处理的，按照《公安机关办理行政案件程序规定》的有关规定办理。

严禁公安机关交通管理部门指定停车场停放扣留的事故车辆。

第四十条 当事人涉嫌犯罪的，因收集证据的需要，公安机关交通管理部门可以依据《中华人民共和国刑事诉讼法》《公安机关办理刑事案件程序规定》，扣押机动车驾驶证等与事故有关的物品、证件，并按照规定出具扣押法律文书。扣押的物品应当妥善保管。

对扣押的机动车驾驶证等物品、证件，作为证据使用的，应当随案移送，并制作随案移送清单一式两份，一份留存，一份交人民检察院。对于实物不宜移送的，应当将其清单、照片或者其他证明文件随案移送。待人民法院作出生效判决后，按照人民法院的通知，依法作出处理。

因收集证据的需要，公安机关交通管理部门有权扣留事故车辆及机动车驾驶证，也可以扣押与事故有关的物品。但是为了保护当事人的利益不被行政行为的侵害，法律规定，与事故无关的物品，公安机关无权进行扣押，应当归还当事人。

90. 对发生交通事故的车辆，交警队可以扣留吗？

案例背景

大学毕业后赵某和朋友合伙开了一家蔬菜水果批发超市，为了方便送货，赵某专门买了一辆面包车。某日，赵某进城给某饭店送货，当时正值上班高峰期，路上的行人和车辆非常多。赵某小心翼翼地开着车，不敢有半点分心。然而，在通过一个十字路口时，赵某正要拐弯，一个骑电动自行车的人从后面冲过来，赵某立即踩下刹车。但由于路面积雪，踩下刹车打滑，赵某还是把骑电动车的人撞倒在地。事故发生后，赵某立即报了警，等到交警赶到之后，对现场进行了勘察，并扣留了赵某的面包车。

学法有疑

对发生交通事故的车辆，交警队可以扣留吗？

法律讲堂

根据我国《道路交通安全违法行为处理程序规定》第二十七条

的规定，对发生道路交通事故，若因收集证据需要，可以依法扣留事故车辆。本案中，赵某的车是造成此次交通事故的重要证据，交通管理部门为了收集证据，有权依法扣留事故车辆。

法律条文

《道路交通安全违法行为处理程序规定》

第二十七条 有下列情形之一的，依法扣留车辆：

（一）上道路行驶的机动车未悬挂机动车号牌，未放置检验合格标志、保险标志，或者未随车携带机动车行驶证、驾驶证的；

（二）有伪造、变造或者使用伪造、变造的机动车登记证书、号牌、行驶证、检验合格标志、保险标志、驾驶证或者使用其他车辆的机动车登记证书、号牌、行驶证、检验合格标志、保险标志嫌疑的；

……

对发生道路交通事故，因收集证据需要的，可以依法扣留事故车辆。

交通事故发生后，应该及时报警，积极配合交警处理交通事故。因机动车造成的事故，交警为了查明事故原因、收集证据，有权依法扣留事故车辆，车主应予以配合。

91. 在什么情况下，处理事故的交警应当选择回避？

案例背景

刘某的儿子马上就要上小学了，为了方便接送儿子上下学，刘某便买了一辆小轿车。周一下午，刘某因公司有事耽搁了接孩子放学，从公司出来已经过了放学的时间。刘某担心孩子一个人在门口等太久不安全，便不断超车，甚至超速行驶。在拐弯时由于车速太快与前方车辆发生追尾。当事人立即报了警，交警赶到后便开始着手处理交通事故。但其中一名交警恰好是刘某的弟弟。对方提出，出于公平起见，刘某的弟弟应当选择回避。

学法有疑

在什么情况下，处理事故的交警应当选择回避？

法律讲堂

我国《道路交通安全法》第八十三条规定：“交通警察调查处理道路交通安全违法行为和交通事故，有下列情形之一的，应当回避：(一) 是本案的当事人或者当事人的近亲属；(二) 本人或者其近亲属与本案有利害关系；(三) 与本案当事人有其他关系，可能影响案件的公正处理。”由此可知，如果处理交通事故的交通警察是本案当事人的近亲属的，为了保证案件公正处理，该交通警察应当回避。在本案中，处理事故的交警是刘某的弟弟，两人有近亲关系，该交警应当回避。

法律条文

《中华人民共和国道路交通安全法》

第八十三条 交通警察调查处理道路交通安全违法行为和交通事故，有下列情形之一的，应当回避：

(一) 是本案的当事人或者当事人的近亲属；

(二) 本人或者其近亲属与本案有利害关系；

(三) 与本案当事人有其他关系，可能影响案件的公正处理。

为了保证处理结果的公平性，在处理交通事故时，应当采取回避原则。当处理交通事故的交警与案件当事人有法律规定的应当回避的情形时，均应执行回避制度。回避既可以由办案人员本人提出的，也可以由案件当事人申请提出的。

92. 交警在工作中必须佩带交通警察标志吗?

案例背景

某日中午，王大妈到超市买东西。在经过一个十字路口时恰巧赶上红灯。由于王大妈着急回家给孙子做饭，便在红灯的状态下过马路。这时，正在执勤的交警小张看到了闯红灯的王大妈，立即将其拦下，并对王大妈称现在是红灯不能过马路，否则很危险。王大妈一听觉得很不好意思，赶紧解释自己是因为着急回家给孙子做饭才闯红灯的，下次一定注意。于是，交警小张在确保王大妈安全的情况下将其护送过去。但这时王大妈突然对交警小张说："交警同志啊，我觉得你在执勤时，应当佩带交警标志，否则会被人认为是假警察。"交警小张一听非常尴尬，并称以后一定佩带。

学法有疑

交警在工作中必须佩带交通警察标志吗?

法律讲堂

我国《道路交通安全法》第八十条规定："交通警察执行职务时，应当按照规定着装，佩带人民警察标志，持有人民警察证件，保持警容严整，举止端庄，指挥规范。"为了保证交通警察执行职务的严肃性和权威性，交通警察在执行职务时，应当佩带人民警察标志，这样做也有利于对违法者产生威慑作用，使对方易于接受人民警察作出的决定，还可以杜绝一些不良人员冒充交通警察进行非法牟利活动。

法律条文

《中华人民共和国道路交通安全法》

第八十条 交通警察执行职务时，应当按照规定着装，佩带人民警察标志，持有人民警察证件，保持警容严整，举止端庄，指挥规范。

交通警察在执勤工作中应当佩带人民警察标志，规范自己的着装，持有人民警察证件，合法合理地履行职责。

93. 交警队人员未将收取的罚款全部上缴国库，是否会受到惩罚?

案例背景

某日，吴某正常开车上班，由于当天出门晚又碰到早高峰，眼看上班就要迟到了，为了节省时间，吴某不断超车、绕道。在经过一个十字路口时正好碰上红灯，这个红灯时间较长，焦急的吴某四处张望，并没有看见摄像头，心想闯一次红灯应该没什么事。就这样，抱着侥幸心理的吴某在红灯的情况下开了过去，正好被巡查的交警发现。交警要求吴某立即停车，并称吴某因闯红灯，违反了交通规定，罚款二百元，当场缴纳。事后，该交警只向国库上缴了一百元。

学法有疑

交警队人员未将收取的罚款全部上缴国库，是否会受到惩罚?

法律讲堂

交警未将收取的罚款全部上缴国库，会受到惩罚。税、利、费属于政府财政收入的重要来源，其中公安交警收缴的罚款是费的重要组成部分，应当及时足额上缴国库，公安交通管理部门不得将收缴的罚款留存一部分。我国《道路交通安全法》第八十二条规定："公安机关交通管理部门依法实施罚款的行政处罚，应当依照有关法律、行政法规的规定，实施罚款决定与罚款收缴分离；收缴的罚款以及依法没收的违法所得，应当全部上缴国库。"对于违反这一规定的行为，该法第一百一十五条明确规定，对不执行罚款决定与罚款收缴分离制度或者不按规定将依法收取的费用、收缴的罚款及没收的违法所得全部上缴国库的交通警察，应依法给予行政处分。本案中的交警未将收缴的罚款全部上缴国库，依据法律规定，会受到相应的行政处分。

法律条文

《中华人民共和国道路交通安全法》

第八十二条 公安机关交通管理部门依法实施罚款的行政处罚，应当依照有关法律、行政法规的规定，实施罚款决定与罚款收缴分离；收缴的罚款以及依法没收的违法所得，应当全部上缴国库。

第一百一十五条 交通警察有下列行为之一的，依法给予行政处分：

……

（四）不执行罚款决定与罚款收缴分离制度或者不按规定将依法收取的费用、收缴的罚款及没收的违法所得全部上缴国库的；

……

公安机关交通管理部门有前款所列行为之一的，对直接负责的主管人员和其他直接责任人员给予相应的行政处分。

作为执勤的交警人员在依法处理违规行为时，也应遵守法定程序和权限，尤其应注意在开具罚款单的情况下，不得私自收取罚款，否则将受到相应的行政处分。

94. 对于情节轻微，未影响道路通行的违法行为可以免除罚款吗？

案例背景

周末，孙某带家人到郊区游玩。途中经过一家超市时，孙某的妻子决定去买点食品在路上吃。于是，孙某把车开到超市附近，但在附近转了一圈也没有发现空着的停车位，孙某心想妻子只是去超市买点吃的，不会耽误太久，而且自己在车里等，因此孙某便把车停到了人行道上。当孙某刚把车停下，就走过来一名交警。交警对孙某的做法进行了批评，为了惩戒，还对孙某处以50元罚款。对此，孙某觉得有点小题大做，自己虽然做得不对，但并没有影响道路通行，作出罚款的处罚未免过重。

学法有疑

对于情节轻微，未影响道路通行的违法行为可以免除罚款吗？

法律讲堂

交通管理部门对于违反道路交通安全、影响道路正常通行的违法人员应当实施一定的处罚措施，根据违法行为的严重程度给予不同程度的惩治措施。我国《道路交通安全法》第八十七条规定："公安机关交通管理部门及其交通警察对道路交通安全违法行为，应当及时纠正。公安机关交通管理部门及其交通警察应当依据事实和本法的有关规定对道路交通安全违法行为予以处罚。对于情节轻微，未影响道路通行的，指出违法行为，给予口头警告后放行。"本案中，孙某的行为属于情节轻微，未影响道路通行的，因此，交警应指出违法行为，给予口头警告后放行。

法律条文

《中华人民共和国道路交通安全法》

第八十七条 公安机关交通管理部门及其交通警察对道路交通安全违法行为，应当及时纠正。

公安机关交通管理部门及其交通警察应当依据事实和本法的有关规定对道路交通安全违法行为予以处罚。对于情节轻微，未影响道路通行的，指出违法行为，给予口头警告后放行。

公安机关交通管理部门有义务指出道路交通安全的违法行为并及时纠正；情节严重的，交通警察有权对违法行为进行罚款；但对于情节轻微的行为，通常采取批评教育、警告等方式，确保行为人对行为的错误和危险性有正确的认识。

第11章 交通运输行政复议

95. 对县交管局的行政许可不服的，可以向哪些机关申请行政复议？

案例背景

吴某是某县一家长途运输公司的老板。某日，公司接到一个订单，要求其将一批桌椅运送到江西省某县，吴某准备和该公司的司机何某一起运输。吴某和何某到当地的一家家具厂装货，该辆货车本来只能装10吨货物，但吴某为了多挣钱，便多装了6吨。何某劝吴某说超载可能会被罚款，但是吴某没有接受他的意见。在一个高速路口，货车被当地的县交管局的工作人员查到超载。于是，县交管局作出对吴某罚款1000元并要求其卸下超载货物的决定。吴某不服，想要申请行政复议。

学法有疑

请问吴某可以向哪些部门申请行政复议？

法律讲堂

吴某可以向该地的县政府申请行政复议，也可以向上一级即市级的交通运输主管部门申请复议。我国《交通运输行政复议规定》第四条规定："对县级以上地方人民政府交通运输主管部门的具体行政行为不服的，可以向本级人民政府申请行政复议，也可以向其上一级人民政府交通运输主管部门申请行政复议。"由此可知，法律为了保护公民的合法权益，督促行政机关合法行政，保障其处罚的合理性与合法性，公民除了可以提起行政诉讼之外，还可以向有关部门申请复议。在本案中，吴某不仅可以向该县的县政府申请行政复议，也可以向市级的人民政府交通运输管理部门申请复议。

法律条文

《交通运输行政复议规定》

第四条 对县级以上地方人民政府交通运输主管部门的具体行政行为不服的，可以向本级人民政府申请行政复议，也可以向其上一级人民政府交通运输主管部门申请行政复议。

为了保障行政机关行政处罚的合法性，同时，为了避免其滥用职权，体现法律的公平与公正，我国相关的法律赋予公民对行政处罚申请复议的权利，在其对处罚决定不服时，可以向有关部门申请复议。

96. 公民对交管所的行政许可不服的，可以向地方人民政府申请复议吗？

案例背景

肖某高中毕业之后，由于没有考上大学，便到一家技校学习车辆维修。肖某在技校毕业之后，准备自己开设一家维修厂，于是，肖某便在县城里找了一间门面房，作为自己的店面。在一切准备就绪之后，肖某听说开车辆维修店还要到本区的交管所申请行政许可。因此，2019 年 12 月，肖某便到区交通运输管理所申请许可证。然而，在他准备好相关的资料到区交管所申请许可时，交管所经过检查，认为他的经营场所以及相关的维修设备都不符合规定，没有授予其许可证。他要离开时，肖某发现杜某也是准备开机动车维修店，他的经营场所面积还没有自己的大，却得到了许可证。于是，肖某准备向县政府申请行政复议，要求交管所给自己一个说法。

学法有疑

请问肖某可以向当地的县政府申请行政复议吗？

法律讲堂

我国《交通运输行政复议规定》第五条明确规定："对县级以上地方人民政府交通运输主管部门依法设立的交通运输管理派出机构依照法律、法规或者规章规定，以自己的名义作出的具体行政行为不服的，向设立该派出机构的交通运输主管部门或者该交通运输主管部门的本级地方人民政府申请行政复议。"由此可见，公民不仅可以向设立派出机构的交通运输主管部门申请行政复议，为了便于公民行使自己的权利，法律也允许公民向本级地方政府申请行政复议。在本案中，由于交管所是本县交管局的派出机构，因此，肖某既可以向设立该交管所的交通运输管理局申请复议，也可以向县政府申请行政复议。

法律条文

《交通运输行政复议规定》

第五条 对县级以上地方人民政府交通运输主管部门依法设立的交通运输管理派出机构依照法律、法规或者规章规定，以自己的名义作出的具体行政行为不服的，向设立该派出机构的交通运输主管部门或者该交通运输主管部门的本级地方人民政府申请行政复议。

一句话说法

在实际生活中，很多行政许可都是依据法律法规授权的派出机构作出的。当公民对派出机构作出的行政许可不服时，法律不仅允许其向设立该派出机构的主管部门申请复议，也允许公民向本级的地方政府申请复议。

97. 可以就哪些事项向交通运输部申请复议？

案例背景

于某准备成立一家客运公司，主要从事跨省的长途客运经营。准备就绪之后，于某便带着相关的材料到交通运输主管部门办理行政许可证。然而，在他经过几个小时的等待之后，工作人员在办理时，说他没有运输质量的承诺书。第二次他在准备好承诺书之后重新申请时，工作人员又说他申请开业的相关资料中缺少一份复印件。第三次工作人员以他购置的客车不符合标准为由拒绝提供许可证。就这样，于某前后跑了三次都没有办成许可证。为此于某感到非常气愤，想要为自己讨回公道，让交通运输主管部门给自己一个说法。于是他便咨询朋友自己应该怎样复议，他的朋友建议他直接向交通运输部申请。

学法有疑

请问于某可以就交通运输主管部门的行为向交通运输部申请行政复议吗?

法律讲堂

于某可以向交通运输部申请行政复议。我国《交通运输行政复议规定》第七条第一款第一项明确规定，公民对省级人民政府交通运输主管部门的具体行政行为不服的，可以向交通运输部申请行政复议。此外，交通运输部行政复议的受案范围还包括交通运输部海事局、长江航务管理局、珠江航务管理局和交通运输部自己的行政行为，公民或企业不服的，可以就这些事项向交通运输部申请复议。本案中，于某向省级人民政府交通运输主管部门申请客运站营运的许可证，该主管部门没有授予于某许可的行为属于具体的行政行为，因此，于某可以向交通运输部申请行政复议。

法律条文

《交通运输行政复议规定》

第七条 对下列具体行政行为不服的，可以向交通运输部申请行政复议：

（一）省级人民政府交通运输主管部门的具体行政行为；

（二）交通运输部海事局的具体行政行为；

（三）长江航务管理局、珠江航务管理局的具体行政行为；

（四）交通运输部的具体行政行为。

对交通运输部直属海事管理机构的具体行政行为不服的，应当向交通运输部海事局申请行政复议。

一句话说法

在现实生活中，公民在申请行政复议时，却不确切地知道复议机关的具体受案范围，尤其是对于交通运输部等级别较高的行政机关。为了方便公民申请行政复议，法律对此作出具体明确的规定，列举出交通运输部的受案范围。

98. 应在多长时间内向交通运输行政复议机关申请行政复议?

案例背景

朱某是某市的一名出租车司机。2019 年 4 月，该市的交管局作出整顿出租车运营的决定，严惩无证运营、乱停乱放等行为，出租车司机需将个人信息、车辆信息及相关证件交到运管站进行登记备案并经审查合格后才可以正常运营。交管局为第一批出租车主办理了运营的手续，但是一直没有为朱某办理运营手续。朱某每次去交管局办理手续，工作人员都告知他要等下一批。然而，等到下一批运营许可都已经办理，仍然没有朱某的运营许可证。2019 年 6 月 3 日，朱某再去申请时，交通局仍然要求朱某再等等。这导致朱某无法正常跑出租车，难以维持生计。于是，朱某决定向相关部门申请行政复议，要求交管局为自己发放运营许可证。但是，他并不清楚自己现在提出申请复议是否已经超出复议的时间。

学法有疑

请问朱某应该在多长时间内向行政复议机关申请行政复议?

法律讲堂

法律赋予了公民申请行政复议的权利，但是，这是有时间限制的。我国《交通运输行政复议规定》第八条第一款规定：“公民、法人或者其他组织向交通运输行政复议机关申请交通运输行政复议，应当自知道该具体行政行为之日起六十日内提出行政复议申请；但是法律规定的申请期限超过六十日的除外。”由此可知，在一般情况下，公民必须在知道行政机关作出的具体行政行为之日起的六十天内申请复议。如果申请人是有正当理由耽误申请期限的，可以在申请书中说明。在本案中，朱某应该在市交通局作出具体行政行为即不授予其运营许可证的2019年6月3日起六十日内向市政府或者交通局的上一级机关申请行政复议。如果其在六十日内没有申请复议，而且没有正当理由延迟，将会导致自己失去申请复议的权利。

法律条文

《交通运输行政复议规定》

第八条 公民、法人或者其他组织向交通运输行政复议机关申请交通运输行政复议，应当自知道该具体行政行为之日起六十日内提出行政复议申请；但是法律规定的申请期限超过六十日的除外。

因不可抗力或者其他正当理由耽误法定申请期限的，申请人应当在交通运输行政复议申请书中注明，或者向交通运输行政复议机关说明，并由交通运输行政复议机关记录在《交通运输行政复议申请笔录》（见附件1）中，经交通运输行政复议机关依法确认的，申请期限自障碍消除之日起继续计算。

公民虽然拥有申请复议、保护自己合法权益的权利，但是，法律规定了权利的行使期限。根据法律规定，公民应该在六十日内向相关的交通运输部门申请行政复议，否则，若超过法定六十日的期限，而且没有正当理由，将会失去申请行政复议的权利。

99. 可以用口头形式申请交通运输行政复议吗？

案例背景

李某原来在某市打工，后来经朋友介绍，自己买了一辆货车跑短途运输。一天，李某准备到邻近的县城去送货，他的一个朋友说有几个人要去这个县城，问李某可不可以带上他们，说他们每个人会给李某50元的乘车费。李某觉得反正自己的货车可以坐四个人，而且自己还能多赚点儿钱，便爽快地答应了。然而，在他们去往邻近县城的一条高速公路上，正好交通运输管理局的工作人员在查超载车辆。当李某经过时，交警让李某出示相应的证件时，看到他的车里坐了五个人，经过调查，发现李某的行为属于非法载客，便对李某作出罚款一千元的行政处罚决定。李某觉得虽然自己是违法载客，但是不应该受到这么重的处罚。李某准备申请复议，但他不怎么识字，也不知道复议申请书该怎么写，所以他准备向行政机关口头申请行政复议。

学法有疑

请问李某可以用口头的方式向有关部门申请行政复议吗？

法律讲堂

李某可以用口头的方式申请行政复议。我国《交通运输行政复议规定》第九条规定：“申请人申请交通运输行政复议，可以书面申请，也可以口头申请。申请人口头申请的，交通运输行政复议机关应当当场记录申请人、被申请人的基本情况，行政复议请求，主要事实、理由和时间；申请人应当在行政复议申请笔录上签名或者署印。”由此可见，法律为了保障每个公民的权利，允许公民以口头的方式申请行政复议。但是申请人在用口头方式申请复议时，相关的部门要记录其基本情况，并且申请人要在笔录上签字或盖章。因此，在本案中，李某可以用口头方式申请行政复议。

法律条文

《交通运输行政复议规定》

第九条 申请人申请交通运输行政复议，可以书面申请，也可以口头申请。

申请人口头申请的，交通运输行政复议机关应当当场记录申请人、被申请人的基本情况，行政复议请求，主要事实、理由和时间；申请人应当在行政复议申请笔录上签名或者署印。

在现实生活中，部分公民可能并不知道该怎么写复议申请书，甚至不识字。如果法律要求必须用书面方式申请行政复议，那么一部分人的权利很可能无法得到保障。因此，法律规定公民可以用书面方式或口头方式申请行政复议。

100. 在向法院起诉之后，还能够申请交通运输行政复议吗？

案例背景

高某在某市跑出租，由于该市的出租车管理很松，很多出租车都存在乱收费现象。2019 年 3 月，由于很多市民反映出租车乱收费的现象，当地的交管局决定整顿该市的出租车秩序。因此，很多出租车司机都不敢再坐地起价，都按照规定打表收费。可是，高某依然是按照原来的方法载客。一天，正当高某从火车站载着两个大学生去学校时，刚到学校门口，就有两个工作人员出示工作证并称他们是交通运输局的，问出租车收了他们多少钱，两个大学生如实说明了情况。后来，高某因不按规定收费，被交管局罚款两千元。高某在收到处罚决定之后，认为对自己的处罚太重，便向法院提起行政诉讼。可是，他在提起行政诉讼之后，又准备向市政府申请复议。

学法有疑

请问高某可以在向法院提起诉讼之后又申请行政复议吗？

法律讲堂

我国《交通运输行政复议规定》第十条规定："公民、法人或者其他组织向人民法院提起行政诉讼或者向本级人民政府申请行政复议，人民法院或者人民政府已经受理的，不得再向交通运输行政复议机关申请行政复议。"由此可知，法律赋予了公民诉讼和复议两种方式保护权利。公民在申请行政复议之后，仍然不服，可以向法院提起诉讼，但是不能在提起诉讼的同时申请行政复议。两种方式可以选择其一，但不能同时使用。因此，在本案中，依据法律的规定，高某已经提起行政诉讼，则不可以再申请行政复议。

法律条文

《交通运输行政复议规定》

第十条 公民、法人或者其他组织向人民法院提起行政诉讼或者向本级人民政府申请行政复议，人民法院或者人民政府已经受理的，不得再向交通运输行政复议机关申请行政复议。

一句话说法

公民对行政机关作出的处罚决定不服的，除个别案件之外，可以申请复议，也可以提起诉讼。但是，公民不可以在提起诉讼的同时向行政机关申请复议。

101. 被申请人未作出书面答复，也未提交相关证据材料的，应承担怎样的后果？

案例背景

何某自己有一辆货车，一直在做长途运输，几年之后，他的生意越来越好。2019 年 6 月，何某准备自己成立一家运输公司，购买多辆货车，同时运营。在承租了场地、一切设施准备齐全之后，何某听说成立运输公司还要到当地的交通运输管理所申请道路运营许可证。于是，在进行了相关的咨询之后，何某便带着相关的资料和证件前往交通运输管理所办理许可证。然而，交通运输管理所的工作人员告诉他，他的场地及货车不符合相关的标准，便没有给他许可证，但是工作人员并没有告诉何某是哪里不符合规定。对此，何某很生气，便向交管局申请行政复议。然而，交管所在收到复议机关的申请书之后，一直没有作出书面的答复，也没有向复议机关提交任何相关的证据材料及相关的书面凭证。

学法有疑

请问行政复议被申请人未作出书面答复，也没有提交相关的证据材料的，应该承担怎样的后果？

法律讲堂

我国《交通运输行政复议规定》第十八条第一款第四项明确规定：“（四）被申请人不按照《行政复议法》第二十三条的规定提出书面答复、提交当初作出具体行政行为的证据、依据和其他有关材料的，视为该具体行政行为没有证据、依据，决定撤销该具体行政行为。”由此可知，被申请人在收到复议申请书之后，未提出书面答复、提交当初作出具体行政行为的证据、依据和其他有关材料的，要承担作出的具体行政行为被直接撤销的法律后果。因此，在本案中，由于交管所未提出书面答复，也未提交相关证据的行为，其所作出的不授予行政许可的行政行为会被撤销。

法律条文

《交通运输行政复议规定》

第十八条 交通运输行政复议机关设置的法制工作机构应当对被申请人作出的具体行政行为进行审查，提出意见，经交通运输行政复议机关的负责人同意或者集体讨论通过后，按照下列规定作出交通运输行政复议决定：

……

（四）被申请人不按照《行政复议法》第二十三条的规定提出书面答复、提交当初作出具体行政行为的证据、依据和其他有关材料的，视为该具体行政行为没有证据、依据，决定撤销该具体行政行为。

交通运输行政复议机关责令被申请人重新作出具体行政行为的，被申请人不得以同一的事实和理由作出与原具体行政行为相同或者基本相同的具体行政行为。

《中华人民共和国行政复议法》

第二十三条 行政复议机关负责法制工作的机构应当自行政复议申请受理之日起七日内，将行政复议申请书副本或者行政复议申请笔录复印件发送被申请人。被申请人应当自收到申请书副本或者申请笔录复印件之日起十日内，提出书面答复，并提交当初作出具体行政行为的证据、依据和其他有关材料。

申请人、第三人可以查阅被申请人提出的书面答复、作出具体行政行为的证据、依据和其他有关材料，除涉及国家秘密、商业秘密或者个人隐私外，行政复议机关不得拒绝。

申请人在申请行政复议之后，复议机关应该将申请书副本送达被申请人。被申请人在收到副本之后，应该在规定的期限内作出书面答复，并提交相关的证据材料。否则，被申请人要承担不利的法律后果。

102. 交通运输的行政复议机关应该在多长时间内作出行政复议决定？

案例背景

张某是某县一家物流公司的老板。一天，该公司的一辆货车在运输货物的路上，撞到了该县的一根电线杆上。后来，经过调查，县交管所发现该物流公司的货车已经达到报废年限，引发事故的主要原因是车辆操作失灵。之后，县交管局便对该公司的其他车辆进行检查，发现还有三辆货车已达报废年限。于是，交管局作出责令该物流公司停业的处罚决定。但是，张某认为自己的物流公司除了这几辆货车之外，其他车辆都符合标准，县交管局对自己的处罚过重，于是向当地的县政府申请行政复议。在提出复议申请一个月之后，县政府还未作出决定，张某觉得县政府的行为已经超期，这样做是违法的。

学法有疑

请问县政府应该在多长时间内作出行政复议的决定？县政府的行为是否违法？

法律讲堂

县政府的行为是合法的。《交通运输行政复议规定》第二十条第一款规定："交通运输行政复议机关应当自受理交通运输行政复议申请之日起六十日内作出交通运输行政复议决定；但是法律规定的行政复议期限少于六十日的除外。情况复杂，不能在规定期限内作出交通运输行政复议决定的，经交通运输行政复议机关的负责人批准，可以适当延长，并告知申请人、被申请人、第三人，但是延长期限最多不超过三十日。"由此可知，交通运输行政复议机关原则上应该在六十日之内作出行政复议的决定。如果有特殊情况，可以在经过复议机关的负责人批准之后延长最多不超过三十日的时间。在本案中，如果没有复杂情况，县政府六十日内未作出行政复议决定才是违法的。

法律条文

《交通运输行政复议规定》

第二十条 交通运输行政复议机关应当自受理交通运输行政复议申请之日起六十日内作出交通运输行政复议决定；但是法律规定的行政复议期限少于六十日的除外。情况复杂，不能在规定期限内作出交通运输行政复议决定的，经交通运输行政复议机关的负责人批准，可以适当延长，并告知申请人、被申请人、第三人，但是延长期限最多不超过三十日。

交通运输行政复议机关延长复议期限的，应当制作《延长交通运输行政复议期限通知书》（见附件13）送达申请人、被申请人、第三人。

依据法律的规定，一般情况下交通运输行政复议机关应该在六十日内作出行政复议的决定，如果情况复杂，可以适当延长，但是最长不能超过三十日。因此，在实际生活中，公民要注意申请行政复议后复议机关作出复议决定的时间。

103. 被申请人可以迟迟不履行交通运输行政复议决定吗?

案例背景

张某在某市成立了一家汽车维修公司，由于自己公司的行政许可期限在2019年12月1日就要届满，他在10月21日就向当地的交管局申请延期。但是，直到12月1日，交管局一直没有答复，张某以为自己的延期申请得到了许可。然而，张某在12月10日收到交管局不予延期的决定。张某认为交管局的行为已经超过规定的期限，是违法的，于是他向市政府申请复议。在经过复议之后，市政府要求交管局撤销原来的行政行为，但交管局迟迟没有履行。张某非常着急，不知道该如何是好。

学法有疑

交管局可以迟迟不履行行政复议的决定吗?

法律讲堂

我国《交通运输行政复议规定》第二十一条规定："被申请人不履行或者无正当理由拖延履行交通运输行政复议决定的，交通运输行政复议机关或者有关上级交通运输行政机关应当责令其限期履行。"由此可知，如果被申请人在一定的期限内，未按照规定履行行政复议决定的，复议机关可以责令其在一定的期限内履行。因此，在本案中，交管局不可以迟迟不履行行政复议的决定。在交管局一直没有撤销原行政行为的情况下，市政府为了保障张某的合法权益，维护复议机关和交管所的威望，应该作出要求交管局在一定的期限内履行行政复议的决定。

法律条文

《交通运输行政复议规定》

第二十一条 被申请人不履行或者无正当理由拖延履行交通运输行政复议决定的，交通运输行政复议机关或者有关上级交通运输行政机关应当责令其限期履行。

一句话说法

在现实生活中，公民在申请行政复议之后，如果被申请人未按时履行行政复议决定，复议机关应该及时要求其履行，督促行政机关合法行政、合理行政，避免公民的权利无法落实，保护公民的合法权利，避免出现损害公民权利的现象。

104. 申请交通运输行政复议，需要交纳复议费用吗？

案例背景

王某的朋友杜某是某市一家旅行社的总经理。杜某建议王某成立旅游客车的营运，说他们可以合作。在杜某的建议下，王某着手准备成立旅游客运汽车公司。后来，王某向当地的交管局申请旅游客运汽车旅游通行许可证，但交管局最后以王某规划的旅游路线不符合交通安全标准为由，没有授予许可证。王某认为自己规划的旅游路线由专业人员规划，不会不符合交通安全标准，于是他准备向市政府申请行政复议。但杜某建议王某再把路线修改一下，因为申请行政复议需要交纳不少复议费。

学法有疑

请问杜某的说法是否正确？申请行政复议是否要交纳复议费？

法律讲堂

本案中杜某的说法是错误的。《交通运输行政复议规定》第二十三条第一款规定："交通运输行政复议机关受理交通运输行政复议申请，不得向申请人收取任何费用。"由此可知，公民申请行政复议是不需要交纳复议费用的。法律为了保证行政机关依法合理行政，赋予公民申请复议的权利，同时为了保障公民申请复议的权利得到最大限度的实现，禁止复议机关向公民收取行政复议的费用。此外，法律还规定，交通运输行政复议所需经费应当在本机关的行政经费中单独列支，不得挪作他用。因此，在本案中，杜某的说法是错误的，申请交通运输行政复议是不需要交纳申请费用的。

法律条文

《交通运输行政复议规定》

第二十三条 交通运输行政复议机关受理交通运输行政复议申请，不得向申请人收取任何费用。

交通运输行政复议活动所需经费应当在本机关的行政经费中单独列支，不得挪作他用。

公民在实际生活中申请行政复议不需要交纳复议申请费，因此，公民在申请行政复议时可以免除交费的顾虑。同时，公民在申请行政复议的过程中要明确是否交纳必要的费用，避免被部分行政机关乱收费而遭受财产损失。

图书在版编目（CIP）数据

道路交通安全法看图一点通／维权帮著．—北京：中国法制出版社，2020.12

（看图学法）

ISBN 978－7－5216－1384－1

Ⅰ.①道…　Ⅱ.①维…　Ⅲ.①道路交通安全法－中国－图解　Ⅳ.①D922.296－64

中国版本图书馆 CIP 数据核字（2020）第 201488 号

策划编辑　杨智（yangzhi19861025@126.com）　　责任编辑　周熔希　　封面设计　杨泽江

道路交通安全法看图一点通

DAOLU JIAOTONG ANQUANFA KAN TU YIDIANTONG

著者/维权帮

经销/新华书店

印刷/三河市国英印务有限公司

开本/880 毫米×1230 毫米　32 开　　印张/8　字数/212 千

版次/2020 年 12 月第 1 版　　2020 年 12 月第 1 次印刷

中国法制出版社出版

书号 ISBN 978－7－5216－1384－1　　定价：32.80 元

北京西单横二条 2 号

邮政编码 100031　　传真：010－66031119

网址：http：//www.zgfzs.com　　**编辑部电话：010－66038703**

市场营销部电话：010－66033393　　**邮购部电话：010－66033288**

（如有印装质量问题，请与本社印务部联系调换。电话：010－66032926）